清 廉 浙 江 丛 书

诗情廉意

SHIQING LIANYI

哲纪◎编

浙江教育出版社·杭州

前　言

浙江这一方热土，不仅孕育出秀美旖旎的山川美景、海天风光，哺育了数千万勤劳勇敢、热情善良的人民，还培育了厚重深沉、多元广博的文化。其中清廉文化尤为重要。

在传统的“人—家—国”同心圆式文化结构中，清廉文化占有重要地位。首先，“人”必须廉。《广雅》云：“廉，清也。”所谓“清”，其实是对内心的一种克制，即将对物欲的过分追求束缚在道德和法治的笼子里。孔子的弟子子夏说，对于“利”，他很想得到；对于“义”，他也不想失去。究竟是要“利”还是要“义”呢？他在反复思考，即所谓“义利交战”，最终还是“义”战胜了“利”。《孟子注疏》云：“廉、惠、勇，人之高行也。”可见，古圣先贤都把“廉”作为为人的一个重要品格。

其次，“家”也须廉。《礼记》云：“与其有聚敛之臣，宁有盗臣。”聚敛的后果，远过于“盗”，因为欲壑难填，若不加控制，小则如饕餮之兽，大则藏猰貐之心。

最后，“国”更须廉。《管子》云：“礼义廉耻，国之四维。四维不张，国乃灭亡。”国不崇礼，则秩序紊乱；国不尚义，则暴乱频生；国不求廉，则交相征利；国不知耻，则无所不为。如此，国虽无一日之忧，必有百年之患。

因此，一人廉，则一家廉；一家廉，则一国廉。天不变，道亦不变。君子的道德修养不随时空之变而变。《孟子》云：“故闻伯夷之风者，顽夫廉，懦夫有立志。”廉以养德，不惟自养，亦以养民，实修身之良方，治国之大纲。

浙江历代文人辈出，留下很多诗词歌赋，其中不乏与清廉文化相关的作品。这些作品中，有的直抒胸臆，有的托物寄情；有的探索历史，有的关心时事；有的鞭挞贪腐，有的痛心民瘼；有的总结经验，有的提出建议……总之，浙江古代文人士大夫对清廉文化进行了全面的思考，并以文学形式对其进行了展现。唯浙有才，唯廉为本，信然。

习近平同志在浙江工作时，就曾告诫广大干部“心无百姓莫为‘官’”，要求党员干部向焦裕禄同志学习，“不求‘官’有多大，但求无愧于民”。党的十八大后，习总书记又指出“为政清廉才能取信于民，秉公用权才能赢得人心”，告诫全党“如果不注重作风建设，听任不正之风侵蚀党的肌体，就有失去民心、丧失政权的危险”。所以，在今天，弘扬清廉文化是有积极意义的。我们编写这本书，就是试图以清廉文化为主线，串起古今，期望能贡献一得之愚，为新时期浙江的党风廉政建设略尽绵薄之力。

哲纪

2019年11月

目　录

勤以爱民

廉以养德

学以济世

勤以爱民

两浙大地物华天宝，民风淳朴，文脉不绝，既盛产文人士大夫，又能广纳天下英才。千百年来，两浙大地走出去、迎进来无数勤政爱民的官员，这里仅选录了其中有代表性的一部分。“廉洁奉公，勤政为民”是为官从政的一条准则，也是官员个人所必须具备的高尚节操。本篇所选历史人物，无论出身于贫苦农家，还是官宦世家、书香门第，都有一个共同的特征：为官清正，敢于担当，舍己为国，甘于奉献。他们光明正大、政绩卓著，他们的事迹在史传中多有记载，他们的故事在民间代代流传。

马 臻

能使越人怀旧德，至今庙食贺家湖

马太守庙

〔宋〕王十朋

会稽疏凿自东都[①]，太守功从禹后无。
能使越人怀旧德，至今庙食贺家湖[②]。

①疏凿：开凿。东都：东汉的别称。②庙食：死后立庙享受祭祀。贺家湖：绍兴鉴湖，也称贺家湖。因唐玄宗曾将鉴湖赐予贺知章，故称。

会稽地区因地处海隅，故而江流下注，咸潮倒灌。每遇洪水，一城就变为泽国，百姓流离失所，苦不堪言。马臻任会稽太守后，经过长期的调查和思索，认为治理会稽的关键在于实施水利工程。于是他对会稽的农田水利进行了详细考察，决定因地制宜，营建鉴湖。鉴湖建成后，会稽的水资源得到整合，此后灾害减少，人民安居乐业。这为绍兴成为鱼米之乡打下了坚实的基础。

马臻塑像

绍兴马太守庙

会稽人民世代感念马臻的功德，因此在鉴湖边为他建庙，祭祀不绝。南宋时，王十朋经过马太守庙，不禁有感而发，写下本诗。这首诗并未过多注重形象描写，而是直接议论，颇似一篇短小精悍的史论。本诗第一、二句高屋建瓴。作者认为会稽多低湿之地，洪涝灾害繁多。马臻疏凿治理，营建鉴湖，修造闸堰，才使得会稽成为富庶之地。马臻之功，在大禹之后，实在无人可与之比拟。当然，诗人这里用的是夸张的表达手法，不过我们从中也能感受到诗人对马太守的景仰之情。

如果说第一、二两句写的是“因”，那么第三、四两句写的则是“果”。正是因为马太守的勤政爱民，绍兴人民才会世世代代怀念他旧日的功德，并为他立庙。

历史上，在会稽为官的人数不胜数，但又有几个人的名字能够一直流传于百姓之口呢？又有几人能够让百姓自发地为其立庙呢？“至今庙食贺家湖”，看似直白，其实暗含着深刻的道理：为官只有爱百姓，才会被百姓记住。

绍兴马太守庙庙记

谢灵运

贫者阙所赠，风寒护尔身

北亭与吏民别（节选）

〔南朝宋〕谢灵运

晚末牵余荣[①]，憩泊瓯海滨。
时易速还周[②]，德乏勤济振[③]。
……
前期眇已往，后会邈无因。
贫者阙所赠[④]，风寒护尔身。

---

①晚末：晚年。牵：牵累，此处指为事牵累。余荣：多余的荣宠。②还周：循环。③济振：济，救济。振，帮助。④阙：通“缺”。

谢灵运画像

一提起永嘉，人们马上就会想到谢灵运。谢灵运在永嘉任太守时，不仅被此地的奇山秀水折服，还与当地百姓结下了深厚的情谊。在永嘉为官期间，谢灵运始终清廉爱民。正因如此，景平元年（423）九月他称病离任时，当地官民才聚集在北亭为他送行。本诗就是谢灵运在离别之际写给永嘉官民的。

原诗一开始，谢灵运回忆了生平的仕宦经历，然后写他来到永嘉："晚末牵余荣，憩泊瓯海滨。时易速还周，德乏勤济振。"谢灵运36岁到永嘉为官，但他感觉自己已经老了，认为瓯海佳处，令人难忘，堪为休憩之所。时光荏苒，日月循环，他自谦地说自己才德微薄，不能很好地帮助百姓摆脱困苦。这四句，可以理解为谢灵运对永嘉为官生涯的感受。

“前期眇已往，后会邈无因。贫者阙所赠，风寒护尔身。”最后这四句充满了无限感慨，读来令人动容。这四句诗的意思是说：“是啊，不管如何，我都要离别你们，曾经相处的日子历历在目，但都已经逝去不返；而未来还能不能重逢，实在无法预料。我在此为官，恪守清廉的原则，如今清贫少财，临别时没有什么东西可以赠予你们。现在风霜寒冷，你们好好保重身体吧！”

温州谢灵运纪念馆

永嘉谢灵运主题公园

谢灵运为官清廉，为民办事，要不然他离任时怎么会有这么多人依依不舍地送他呢？谢灵运爱民如子，心怀至诚，要不然怎么能写出这感人肺腑的诗句呢？读罢此诗，我们仿佛看见一幅官民情深的和谐画面，不禁有所深思。

虞世南

居高声自远，非是藉秋风

蝉

〔唐〕虞世南

垂绥饮清露[①]，流响出疏桐。
居高声自远，非是藉秋风[②]。

①垂绥：指古代官帽系结后的下垂部分。因蝉的头部有伸出的触须，形状与此类似，故云。②藉：凭借、依赖。

虞世南画像

这首小诗通俗易懂，短小精悍，托物言志，内涵隽永，值得细细品味。“清露”一语双关，既从蝉的角度指所食之物，也指人清正、清廉、清明的品格。这里体现了虞世南的廉政思想。“居高”，同样也是一语双关，一指蝉居于高处，一指君子修高尚之德。第三、四句的意思是，只要君子有高尚的品格，那么他一定会声名远扬，根本不需要借助外力。

贞观七年（633），虞世南转任秘书监，赐爵永兴县子。唐太宗器重他的博识，常常在处理军政大事的间隙，召虞世南谈经论史。虞世南虽然容貌怯懦，弱不胜衣，但性情刚烈，当政得失，直言敢谏。唐太宗曾对侍臣说：“朕借闲暇时间与虞世南商讨古今政事，有一个字的差错，未尝不惆怅恼恨，他恳切、诚挚到这种程度，朕用他用得好啊。”

贞观八年（634），虞世南进封永兴县公。同年，陇右山崩，大蛇多次出现，山东及江淮多次遭大水。唐太宗问“天变”。虞世南以晋朝以来历次山崩为例，借机劝谏唐太宗遵循道德义理，并希望唐太宗不因功高而自满、不因太平已久而骄傲松懈，始终如一。唐太宗听后敛容反省，认为此言对自己有警醒作用。

虞世南直言敢谏，深得唐太宗器重。唐太宗赞其有“德行、忠直、博学、文词、书翰”五绝。贞观十二

宁波永兴庙（始建于清，崇祀虞世南）

宁波虞世南纪念馆

虞世南故里纪念碑

年（638），虞世南去世，年八十一。唐太宗赠虞世南礼部尚书衔，赐谥号“文懿”，配葬昭陵。贞观十七年（643），唐太宗命阎立本绘虞世南像于凌烟阁。虞世南位列凌烟阁二十四功臣。

郑虔

才名四十年，坐客寒无毡

醉时歌（节选）

〔唐〕杜　甫

诸公衮衮登台省①，广文先生官独冷。
甲第纷纷厌粱肉②，广文先生饭不足。
先生有道出羲皇③，先生有才过屈宋④。
德尊一代常坎坷，名垂万古知何用！

---

①衮衮：相继不绝的样子。台省：官署名。唐代尚书省称“中台”，门下省称“东台”，中书省称“西台”，统称“台省”。这里指中央枢要机构。②甲第：旧时豪门贵族的住宅。厌：饱足。③出：超出。羲皇：伏羲氏，传说中的圣帝。④屈宋：指屈原和宋玉。

郑虔是唐代文学家、书画家，历任广文馆博士、著作郎等职，是杜甫友人。《醉时歌》是杜甫的名作之一，从节选的这几句诗可以看出郑虔的品格。开头两句是说，很多人都汲汲于功名利禄，奔走在长安道上，渴望登上台省之门，郑虔却埋头做学问，不为所

郑虔雕像

临海郑广文祠外景

动。接下来两句是说，虽然“官冷”，但郑虔并没有贪污受贿，而是保持清廉的品格，面对“甲第纷纷厌粱肉”的现实，甘愿饿肚子，也不同流合污。郑虔才学如此之高，官品如此之清，难怪杜甫接下来由衷称赞他“道出羲皇”“才过屈宋”了。可这又如何呢？他虽

临海郑广文纪念馆（郑广文祠内）

临海郑广文祠——石碑墙

然德尊一代，却生活坎坷，想来真不知名垂万古有何用啊！杜甫用这寥寥几句诗，为我们刻画出一个清廉而有才华的官员形象。

杜甫写此诗时，郑虔还在长安。后来由于政治斗争，郑虔被贬为台州司户参军。当时，台州位置偏僻，文化相对落后。郑虔到任后，大力开办学校，推行教育。在他的不懈努力下，台州民俗日淳，士风渐进，逐渐成为文明富庶之地。明代方孝孺在《郑氏宗谱序》中评价郑虔道："为吾台斯文之祖，化狉獉而淑诗书，非特光启后昆，凡属台人莫不深感其赐。"说郑虔是台州文教的启蒙者，是丝毫不为过的。

郑虔去世后，杜甫沉痛地写道："郑公粉绘随长夜，曹霸丹青已白头。天下何曾有山水，人间不解重骅骝。"这虽然是对他绘画成就的评价，但移以评其官声，也未尝不可。郑虔这位"骅骝之才"不仅是能吏，而且是廉吏，除了诗、书、画这三绝，给他加个"廉"，以成四绝，也是合适的。

临海郑广文祠——尊师重教碑刻

陆　贽

冰玉为骨秋为神

谒陆宣公祠（节选）

〔宋〕林景熙

冰玉为骨秋为神[①]，堂堂内相真天人[②]。
谏草数百垂清芬，仁义一洗功利尘。

①秋：秋天、秋气。这里指陆贽神情严肃。②内相：唐代翰林学士的别称。陆贽曾任此职。

陆贽雕像

陆宣公祠里供奉着陆贽的画像。本诗第一、二句写陆贽器宇不凡，相貌堂堂，是一流人物。第三、四句则描写陆贽的功业，说他为了唐朝的安危，曾不断给皇帝上书，这等仁义之行，真是一洗那些功利的尘心。末句所谓“功利”，也暗含“贪贿”的意思。那么，陆贽是如何看待贪贿的呢？当时，有人向皇帝建议，说中央官员收受点地方上贡献的土特产，并不算什么贪腐之举。陆贽听说后，很不认同这种看法，并写了著名的《谢密旨因论所宣事状》以驳斥。意在表明，只有上面风清气正，下面才会清正廉洁，朝廷是地方的表率，如果朝廷容忍贪贿，那地方的贪腐情况将不知会有多严重。他还将贪腐的害处揭露出来，认为纵容贪腐就是自掘坟墓，不啻给唐朝统治者敲了一记响亮的警钟。

陆贽不但对他人如此要求，自己也以身作则。担任郑县县尉时，陆贽曾东归洛阳省母，顺道拜望了名重一时的寿州刺史张镒。张镒十分赏识他，和他结成了忘年交，临别时又赠他钱百万，以及其他礼物，说："这是送给太夫人的一点薄礼。"陆贽一再道谢，却分文不受；为示领情，只收了新茶一串。张镒更加看重他，认

嘉兴陆公亭

为他是一位贤士。贞元三年（787），陆贽官任中书舍人。这时，他因母亲去世而持丧洛阳，借住嵩山丰乐寺。消息传出后，朝中有许多人给他送礼。但是，他依旧分文未收。史书上还专门记载道：“四方阵遗数百万，公一无所受。”

这就是陆贽，清廉的陆贽，力戒贪贿的陆贽。陆贽以反腐倡廉为己任，有他这样的政治家，确实是国家的幸运。

胡　则

为官一任，造福一方

奏免衢婺丁钱[1]

〔宋〕胡　则

六十年来见弊由，仰蒙龙敕降南州[2]。
丁钱永免无拘束，苗米常宜有限收。
青嶂瀑泉呼万岁，碧天星月照千秋。
臣今未恨生身晚，长喜王民绍见休[3]。

①奏免：上奏朝廷请求免除。丁钱：即丁古钱，人口税。②龙敕：朝廷的诏令。③绍见休：意为人民愿意归顺周王，并受其恩泽。这里指人民拥护朝廷的德政。

胡则铜像

这是一首七律。首联是说，宋开国六十年来，丁钱渐趋繁重，希望皇帝降下诏令，免除南方受灾地区（主要是江南地区）的丁钱。颔联更进一步，希望丁钱能永远免除，老百姓的税赋能变得更少。颈联则设想丁钱免除后，人间到处都歌颂朝廷的恩德，好像那奔泻的瀑布都在高喊万岁，天上的星月都与宋王朝千秋同存。尾联则略加收合，说自己生得不晚，欣逢盛世，看到了百姓安居乐业的景象。

宋咸平二年（999），37岁的胡则任河北路贝州节度观察判官。此时，贝州倾力支前，已是民困物乏，朝廷又令该州的新乐、蒲阴两县修筑城防，每县抽五万民夫。两县百姓苦不堪言，怨声载道。胡则为民请愿，奋笔上书，力劝停工：高垒深沟，不如民心团聚。两县城防非急务，民生却更困苦。若百姓疲于奔命，则天下真危矣，亟待与民休养生息。此奏在朝内引起激烈争论，经胡则极力争取，皇帝最终准奏，十万民夫回家，农耕得以恢复。

永康方岩胡公庙

永康胡则史迹馆内景一

永康胡则史迹馆内景二

永康胡则史迹馆外景

宋大中祥符四年（1011），49岁的胡则任屯田员外郎、提举江南路银铜场铸钱监。时逢铜钱匮乏，经济萧条。胡则入矿井、探铸场、进市坊，明察暗访，摸清症结之所在：官吏贪腐、管理松弛、矿难频发。他肃清吏治、重用贤能、修定章法、治理矿山、整顿钱监，清正勇为，恩威并施。最终铜矿增产、铜质提高，钱荒缓解，朝廷增收，百姓受益。

永康胡库下村胡公陵园

胡则去世后，范仲淹为其作《胡正惠公墓志铭》，写道："进以功，退以寿。义可书，石不朽。百年之为兮千载后。"诚如是哉！

范仲淹

清白有德义

清白堂记（节选）

〔唐〕范仲淹

一日命役徒芟而辟之，中获废井……乃扃而澄之[①]，三日而后汲。视其泉清而白色，味之甚甘……观夫《大易》之象，初则井道未通，泥而不食，弗治也；终则井道大成，收而勿幕[②]，有功也。其斯之谓乎？又曰："《井》，德之地"，盖言所守不迁矣；"《井》以辨义"，盖言所施不私矣。圣人画《井》之象，以明君子之道焉。予爱其清白而有德义，为官师之规，因署其堂曰清白堂，又构亭于其侧曰清白亭，庶几居斯堂，登斯亭，而无忝其名哉。

---

①扃：关闭。②幕：遮盖。

范仲淹是北宋时期的政治家、文学家，他一生为官清正，文能安邦，武能定国；他留下的“先天下之忧而忧，后天下之乐而乐”的千古绝句，是对自己人生经历的真实写照，更激励着许多士子胸怀天下、精忠报国。

《清白堂记》是范仲淹在绍兴为官时写就的，文章记述了他建造清白堂的因由和意义。范仲淹在绍兴府山发现了一口废弃的古井，井中有泉水。经过疏浚后，

范仲淹雕像

范仲淹发现古井“泉清而白色，味之甚甘”，因名其泉为“清白泉”，署其堂曰“清白堂”，构亭曰“清白亭”。“初则井道未通，泥而不食，弗治也”，意思是井中有泥，其水不堪食。比喻君子若没有道德修养，就不能得到社会的认可。“终则井道大成，收而勿幕，有功也”，是说井道已成，不必盖盖子，让井水惠及民众。比喻君子施展才能，造福社会。

据记载，范仲淹初为吏部员外郎，后官居参知政事，几十年间未曾增加一名仆役。他年轻时在广德军为官，调离之际穷得什么都没有，只剩下一匹马，只好把马卖了徒步前往下一个任官地。

绍兴清白堂

绍兴清白泉

范仲淹不仅以身作则，还严格要求自己的家人。他积极倡导勤俭节约、乐善好施的寒素家风。如果不是招待宾客，就不吃两种以上的肉食，妻子、孩子生活都十分俭朴。范仲淹的儿子范纯仁深知父亲倡导寒素家风，结婚前夕，范纯仁自然不敢妄想办豪华的婚礼。但因为

绍兴清白亭

结婚所需，他还是需要置办幔帐等用品，并为自己和妻子添置几件材质好些的衣服。范纯仁考虑再三后，将结婚需要购置的衣物清单列出来，壮着胆子交给父亲审定。谁知范仲淹看过单子后，立即板起了面孔，说道：“结婚自然是人生大事，但这与节俭有什么矛盾？怎么可以借口‘人生大事’而奢侈浪费呢？”父亲的一番话说得范纯仁满面羞愧，他鼓足勇气对父亲说：“范家节俭的家风，孩儿自幼熟知，购置奢华贵重的衣物，儿子知错。但我要向您如实禀报，妻子想以罗绮做幔帐，孩儿知道这不合范家家风，故不敢答应，可她的父母又出面提出，孩儿碍于他们的情面就没敢再坚持下去。”范仲淹听后勃然大怒：“你知错就改，我不再追究。但是范家几十年来，以节俭自守，以奢侈为耻。用罗绮做幔帐，岂不坏了家风？情面事小，家风事大，你可以告诉他们，如若坚持以罗绮做幔帐，那我范仲淹就把它拿到院子里烧掉！”由于范仲淹的坚持，范纯仁的婚礼办得十分俭朴，既没有购置贵重的物品，也没有举行隆重的婚礼，不仅范家的家风得以维持，同僚们也从中受到了很大教育。

贡师泰

吏治行为，诸郡第一

古　意（其二）

〔元〕贡师泰

黄金本何物，举世相纷争。
贱者可以贵，死者可以生。
既解平城围①，亦散六国衡②。
神用信莫测，乃宝孰敢婴。
亦有高世士，唾视瓦砾轻。
宁为冻饿殍③，不受污辱名。
斯人倘可见，吾将与同盟。
嗟哉首阳薇④，千载有余清。

---

①平城围：公元前200年，汉高祖出击韩王信于平城，被匈奴包围；用陈平的计谋，向匈奴王后行贿，方才解围。②六国衡："衡"同"横"，此处指六国间的连横。战国时秦王用李斯计，对六国谋士能贿赂的贿赂，不能贿赂的则刺杀之，从而破坏了六国的连横。③殍：饿死的人，此处指伯夷和叔齐。伯夷和叔齐为商旧臣，居《史记·伯夷列传》记载，伯夷、叔齐入周后不食周粟，隐居于首阳山，采薇（山菜）而食之，最后饿死。④首阳薇：指伯夷和叔齐于首阳山采薇，比喻人坚守气节。

本诗前四句提出一个疑问：黄金到底是什么东西，能够让世人为之苦苦相争？贫贱者得到它，可以骤然富贵；濒死者得到它，甚至可以重生。“亦有高世士，唾视瓦砾轻。宁为冻饿殍，不受污辱名”，是说并非所有人都贪恋黄金，有一些品性高洁的人视黄金如瓦砾，宁愿冻死、饿死，也不愿意为了得到它而饱受污辱。最后四句表达了作者的愿望：假如今世有此高士的话，我愿意与之为友，就像当年的伯夷、叔齐采食首阳山之薇那样，固守着千载清名。

至正四年（1344），贡师泰任绍兴路推官，主掌刑名。贡师泰注重调查研究，以证据和事实决定审判结果和量刑的高低。当时，绍兴府白洋港有一大船停在岸旁，并有篙橹靠在船边。当地一高姓富商雇史姓伙计等二十多人于海滩取盐卤，伙计们为借用该船篙橹登船，见船舱内有死尸两具，吓得离去不敢言。后来有人告发，说高姓富商、史姓伙计等劫货杀人。这样一来，高、史主雇等统统被收入大牢，等待审判。该案经贡师泰调查取证后，查明系死者同乡、一沈姓船商所为。高史冤案终大白天下，时称贡师泰“吏治行为，诸郡第一”。

方克勤

使君如雨，万民父母

济宁民谣

孰罢我役？使君之力[1]。

孰活我黍？使君之雨。

使君勿去，我民父母。

①使君：汉以前太守、刺史的别称。汉以后郡、州长官也称使君。这里指方克勤。

方克勤于洪武五年（1372）出任济宁知府，三年任满后，当地百姓为歌颂方克勤的事迹，创作了这首民谣。这正是方克勤勤政爱民的见证。

方克勤画像

元朝末年，战乱频仍，百姓民不聊生，大片土地荒芜。明初，朱元璋曾下诏垦荒，规定新垦土地三年内不必纳粮缴税，百姓欣喜，纷纷投入土地垦殖中。但有官员好功奉上，未到三年便开始征税，甚至以每户田地的多寡来定徭役，百姓不得不退耕刚刚开垦的农田。方克勤到济宁任职后，科学地调整了纳税田亩的税额和徭役制度，使百姓恢复了垦田的热情。

民谣中的“孰罢我役”“孰活我黍”，歌颂的是方克

方孝孺讲学处——宁海石镜精舍

方孝孺画像

勤解除济宁百姓劳役的功绩。方克勤在济宁时，一年突遇城墙坍圮，按规定本应由守军将士负责修筑，但守将倚仗军中势力，强行征役，逼迫普通民众修筑城墙。时值农历五六月间，天旱无雨，正是农人最需要投身于作物种植、养护的时间，但军令难违，百姓只得提前收割尚未成熟的庄稼，收成大打折扣，许多人都捶胸顿足，哀叹不已。方克勤听说后茶饭不思，叹出了他为官治民的名言："民病不救，焉用我为！"随后，他便将此事密报中书省，中书省官员却不敢署名上报，方克勤便愤而署上自己的名字，将文书呈报至丞相胡惟庸处。丞相闻知，立刻下令停止筑城。而停筑令传到济宁之日，正是久旱逢甘露之时。济宁百姓得以归田生产，是年五谷丰收，百姓欢呼雀跃，心中充满了对方克勤的感激之情。

方克勤执政为民，始终以为百姓谋福祉为己任。为让百姓更便捷地完成官府分派的任务，曾多次更改不合理的强硬政令，深得民心。也正因如此，济宁百姓才对他产生了"使君勿去，我民父母"的难以割舍的感情。

值得一提的是，方克勤到济宁任职时，是带着次子方孝孺一起去的。当时方孝孺十五岁。在古代，十五岁正是一个人思想趋于成熟的时期。方克勤三年济宁为官生涯所表现出的勤政律己和不畏权贵、坚忍不拔，对方孝孺产生了深远的影响。

方孝孺于洪武年间任汉中府教授，建文帝即位后，任翰林侍讲学士，后改文学博士。燕王朱棣发动“靖难之役”攻入南京后，命他起草即位诏书。方孝孺不从，以身殉节，被诛十族。

海瑞

批鳞直夺比干志，苦节还同孤竹清

哭海瑞（其二）

〔明〕朱良知

批鳞直夺比干志[①]，苦节还同孤竹清[②]。
龙隐海天云万里，鹤归华表月三更。
萧条棺外无余物，冷落灵前有菜羹。
说与傍人浑不信[③]，山人亲见泪如倾[④]。

①批鳞：指敢于直言犯上。比干：商代贵族，被称为“亘古忠臣”。②孤竹：指伯夷、叔齐。二人为商朝孤竹国国君之子，入周后，他们拒食周粟，隐居在首阳山，最后饿死。③傍：通“旁”。④山人：这里指诗作者朱良知。

海瑞是家喻户晓的清官廉吏。他在浙江淳安任知县时，生活俭朴，清廉自守，穿布袍，吃粗糙米粮，让老仆种菜自给，即使给母亲做寿，也只买二斤肉。有一次总督胡宗宪的儿子路过淳安，接待人员按海瑞规定的标准为其提供食宿，这与一路走来远接高迎、大吃大喝的风光大相径庭，胡公子心存不满，向驿吏发怒，并将驿吏倒挂起来，鞭打训斥。海瑞得知消息后，命人将胡公子抓起来，然后说："过去胡总督按察州部，命令所过的地方不要铺张浪费。现在这个人行装奢侈，一定不是胡总督的儿子。"下令将胡公子关进大牢，并没收了他

海瑞雕像

淳安海公祠正门

搜刮来的数千两银子，充入府库。

不久，都御史鄢懋卿巡查路过淳安县，酒饭供应得十分简陋，海瑞高声宣言县邑狭小，不能容纳更多车马。鄢懋卿十分气愤，然而他早就知道海瑞不畏权贵，只得收敛威风，悻悻离开。

这首诗是亲历海瑞葬礼的朱良知所做的。第一、二句中，诗人把海瑞比作商朝的比干，他们都敢于直言进谏，甚至不怕失去生命，而海瑞持节不渝，又有如伯夷、叔齐般的清高。第三、四句对海瑞做了拟神化的比喻：（谁说他死了）他应该是跨着龙潜入大海，或遨游在云端，没准，会在三更的月夜里化作鹤回来。第五、六句，诗人回到了眼前，记叙了海瑞入殓时的真实场景：房中四周寂寞冷落，除了一口棺木外，无一件海瑞遗留下来的东西。灵堂里冷冷清清，灵前只供奉着一两盘菜。我把这些说给大家听，简直不会有人相信，而这是我亲眼看到的啊。见此情景，我眼泪一下子就流出来了。诗的最后四句，是诗人对现场的真实描述，可以与其他史料相互佐证。海瑞从做官之初，就对自己有严格的要求，从他一生的经历来看，确实如此。这在古代的官吏中是不多见的。

淳安海公祠思贤院

汤显祖

洁白朴素、勤俭自律

闻都城渴雨[1]，时苦摊税

〔明〕汤显祖

五风十雨亦为褒[2]，薄夜焚香沾御袍[3]。
当知雨亦愁抽税，笑语江南申渐高[4]。

①都城：这里指京师，今北京。②五风十雨：引自王充《论衡·是应》中的“五日一风，十日一雨”，“五风十雨”原是对政绩的褒美之词，此处指风调雨顺。③薄夜：傍晚，夜初。④申渐高：五代时吴国的乐工。

第一、二两句说当时京师大旱，政绩全无得见。皇帝夜间焚香祈雨，以致龙袍上都沾满了露水。这其实是诗人对朝政的明褒实贬。第三、四句引用了申渐高与徐知诰的故事，暗讽神宗皇帝祈雨之事。申渐高是五代时期吴国的一位乐工。当时正逢都城大旱，中书令徐知诰

汤显祖雕像

（即南唐先主李昪）在朝堂上问群臣：“近郊颇得雨，都城不雨何也？”申渐高以风趣的语言答道：“雨惧抽税，不敢入京耳。”意思是说，雨也害怕过重的税赋，所以不敢落到京城。这两句诗实际指神宗皇帝一面薄夜焚香祈雨，一面对百姓征收苛捐杂税，横征暴敛。

汤显祖纪念馆——正门

汤显祖纪念馆内景——玉茗堂

汤显祖纪念馆内景——平昌遗爱

据史书记载，汤显祖无论在家乡还是为官之地，都始终保持清廉自守、勤俭自律的品德。在浙江遂昌任县令五年间，他未曾私吞一文公款。若遇朝中权贵的三亲六戚来“打秋风”（假借各种名义、利用关系向人索取财物），汤显祖也只是以一盘家常豆腐、一盘炒辣椒，外加一碗菜汤招待他们。辞官归乡后汤显祖一如既往地保持清白廉洁之身，生活清贫，有时只能靠喝粥度日。他将自己的寓所唤作“玉茗堂”，以玉茗比德，以玉茗养性。洁白朴素、格韵高雅的玉茗花，正是汤显祖一生的真实写照。

汤显祖纪念馆内景——戏台

作为饱学之士的汤显祖，虽然身处腐朽没落的封建官场，却有着青松傲雪的铁骨，有着莲花自净的品格，不附权贵，不为利惑，自珍“四香”，即“不乱财、手香，不淫色、体香（不近女色），不诳讼、口香（不说大话），不嫉害、心香（不嫉贤妒能）”为律己准则。汤显祖对美好人格的追求，穿越时空，散发出恒久的魅力。

廉以养德

道德修养，是中华文化的精髓之一。古人所追求的“三不朽”，首先是立德。清正廉洁，是德的体现，两者之间相互辉映，更能体现一个人的高尚情操。本篇所选历史人物，是浙江历史上众多尚德文士的缩影，他们如春雨般滋润这片土地。他们的事迹，深植在浙江人民心中，陈情于地方志书中，千百年来弘歌不断、周流贯彻。

《孟子》云：“故闻伯夷之风者，顽夫廉，懦夫有立志。”廉以养德，不唯自养，亦以养民，实修身之良方，治国之大纲也。《管子》云：“礼义廉耻，国之四维。四维不张，国乃灭亡。”国不崇礼，则秩序紊乱；国不尚义，则暴乱频生；国不求廉，则交相征利；国不知耻，则无所不为。如此，国虽无一日之忧，必有百年之患。是以一人廉，则一家廉；一家廉，则一国廉。天不变，道亦不变。

刘宠

一钱太守，清风犹存

一钱太守庙

〔元〕王克敬

刘宠清名举世传，至今遗庙在江边。
近来仕路多能者①，也学先生拣大钱②。

①仕路：仕途。能者：有能力的人。这里是反讽，指当时的贪官。
②拣：选择。

据《后汉书·循吏列传》记载，刘宠担任会稽太守时，为官清正廉洁，关心民间疾苦，深受百姓爱戴。当刘宠调离会稽时，有五六个老者每人送他一百文钱，说：“前任太守为官，只知道搜刮民脂民膏，将一郡弄得鸡犬不宁。您来了，犬不夜吠，百姓不受侵扰，我们没想到年老了还能遇上清明的社会环境，所以携带一些钱来感谢您，为您送行。”刘宠听罢，谦虚地说：“我何

刘宠雕像

能及此？”他只收下一文钱，以作纪念。人们因此称刘宠为“一钱太守”。传说刘宠后来把钱扔到江中，江水立即清澈见底，人们始将扔钱处称为“钱清”，即今天绍兴市柯桥区的钱清镇。

为了纪念刘宠，人们在钱清镇修了一钱太守庙。元代的王克敬经过此庙时，缅怀前贤，感慨当下，乃作此诗。本诗第一、二句开门见山，说刘宠清风犹存，千年之后，百姓还在庙中祭祀、缅怀他。第三、四句以古鉴今。第三句的“能者”其实是在讽刺元代很多贪官不以爱民办事为能，而以中饱私囊为能，这些“能者”其实是最无能者。第四句则说这些“能者”也学刘宠那样拣

绍兴一钱太守刘宠纪念馆

绍兴“一钱太守”刘宠纪念馆内关于刘宠生平的介绍

择大钱，但其实质是主动敛财，与刘宠的清廉形象形成了鲜明对比。

乾隆皇帝也写过一首《钱清镇》：“循吏当年齐国刘，大钱留一话千秋。而今若问亲民者，定道一钱不敢留。”此诗立意与王克敬的不同，作为帝王，他勉励官员要“一钱不留”，可谓用心良苦。

孟尝

为政廉洁，合浦珠还

采珠篇（节选）

〔明〕区大枢

吾闻廉守昔孟尝①，合浦珠徙还复光②。

比来竭泽何为者③，珠倘有灵珠应藏。

---

①廉守：“廉守”在这里有两重意义。合浦县在明代属于廉州，上虞人孟尝曾任合浦太守，故称“廉守”。此外，“廉守”也可理解为“清廉之守”。②徙：迁移。③比来：最近，近来。竭泽：《淮南子·本经训》：“焚林而田，竭泽而渔。”（高诱注）“竭泽，漏池也。”即排干净水（以捕鱼），比喻不计后果地做事。

孟尝画像

据《后汉书·循吏列传》记载，孟尝年轻时很有操行，因此被举为孝廉，后任合浦太守。东汉时期，合浦不产稻谷，但海里出产珍珠，老百姓大多以采集珍珠为业。据说孟尝到任之前，合浦的官吏们不停搜刮民膏民脂，百姓不堪重负，连珍珠也迁徙到交趾郡（今越南）境内，合浦百姓再也采不到珍珠。许多百姓因此失业，贫病交迫，流离失所。孟尝到合浦后，为政清明廉洁，从不收受贿赂，并革除前弊，不与民争利。没过多长时间，人们惊奇地发现珍珠又回到了合浦，百姓重得生计。大家都觉得这是孟尝的功劳。

上虞孟尝闸石墩

上虞孟尝闸凉亭

本诗作者区大枢是广东人，有一次他来到合浦，看到当地百姓仍然延续着千年前的生计——采集珍珠，不禁想到了孟尝，写下了《采珠篇》。《采珠篇》很长，这里仅选其中四句，以见作者之心。第一、二句是说，遥想东汉时期，孟尝在这里为官，廉洁无私，连珍珠都被他的德政感动，纷纷从交趾迁回合浦。第三、四句，作者来了个一百八十度大转弯，一下子将时空拉回明代，并且发出严厉的质问："听说近来有很多官吏竭泽而渔似地搜刮珍珠，逼迫百姓，难道就不怕珍珠再像当年那样，藏到其他地方去吗？"言下之意是，连珍珠都怕贪官无休止地诛求，何况是老百姓呢？

姚 察

一匹花练不肯收

姚 察

〔唐〕孙元晏

曾佐徐陵向北游[1]，剖陈疑事动名流。
却归掌选清何甚[2]，一匹花练不肯收[3]。

①徐陵（507—583）：字孝穆，东海郯（今山东郯城北）人。南朝陈文学家。②掌选：主持官吏的选拔、推荐。③花练：有花纹的粗麻布。练，粗麻布。

熟读过二十四史的人，应该都知道姚察、姚思廉父子。他们是《梁书》和《陈书》的编纂者。但孙元晏这首诗，着眼点不在于姚察的史学成就，而在于他的治学与为官。

据《陈书·姚察传》记载，陈朝初年，大儒徐陵曾经力荐姚察为协助其修史的著作佐郎，有一次，朝廷讨论礼乐问题，很多人都迎合皇帝，唯独姚察力排

《梁书》书影

《陈书》书影

众议，引经据典，坚持己见。徐陵见姚察说的有道理，不得不同意他的意见。这就是诗中所谓的“曾佐徐陵”“剖陈疑事”。又据《陈书·姚察传》记载，姚察曾经身居高位，入陈后任吏部尚书一职，手操掌选大权，但他一直清正廉洁，从不收受财物。有个门生想讨好他，又慑于他刚正的品性，不敢给他送厚礼，只送一匹花练。本以为姚察会欣然接受，哪知姚察看到后，先是好心劝诫他说：“我平时生活节俭，这花练对我毫无用处，你还是拿回去吧。”门生见状，好言相求，仍然希望他收下。姚察于是厉色警告，将他赶走。此后，再也没有人给他送礼。诗中的“一匹花练不肯收”，说的就是这件事。

一匹花练确实微不足道，也许在旁人看来，不过是朋友之间的互相馈赠罢了。但姚察身居要职，严于律己，防微杜渐，与朋友以诚交而不以财交，其品格确实高洁无比。

骆宾王

无人信高洁，谁为表予心

在狱咏蝉

〔唐〕骆宾王

西陆蝉声唱①，南冠客思深②。
不堪玄鬓影③，来对白头吟。
露重飞难进④，风多响易沉⑤。
无人信高洁⑥，谁为表予心？

①西陆：指秋天。②南冠：楚人冠名，这里是囚徒的意思。③玄鬓：指蝉的黑色翅膀，这里比喻自己正当盛年。④露重飞难进：秋露浓重，蝉难以高飞。⑤响：指蝉声。沉：沉没，掩盖。⑥高洁：清高洁白。古人认为蝉栖高饮露，是高洁之物。作者因以自喻。

骆宾王雕像

这首诗创作于唐高宗仪凤三年（678），当时，骆宾王刚刚升为侍御史。已经做了十多年基层小吏的骆宾王，这次升任侍御史后，本以为能大展鸿图，谁知道还是因上疏论事而触怒了武则天，遭到诬陷入狱。

在狱中，骆宾王感慨万千。身陷囹圄的他，依然坚守着自己正直、清廉的本色。为了表示自己高洁的情操，他以蝉明志，创作了这首广为流传的诗。

这首诗的意思是：深秋时节，寒蝉不停鸣唱，蝉声把我这囚徒的愁绪带到远方。怎堪忍受正当玄鬓盛年的好时光，独自吟诵《白头吟》这么哀怨的诗行。露重翅薄，欲飞不能，世态炎凉。大风起时，蝉声淹没，难保自身芬芳。无人知道我有秋蝉般的清廉高洁，有谁能为我表白冰清玉洁的心肠？

骆宾王品性高洁，敢于直言不讳，他渴望用自己的知识和才华报效国家，建功立业。奈何，他这样的个性与当时的政治环境是格格不入的，因此他处处受排挤。

义乌骆宾王公园

骆宾王墓

尽管如此，他依然怀着纯洁无瑕的报国之心，发出“无人信高洁，谁为表予心”的感叹。

今天，我们在阅读《在狱咏蝉》的时候，依然能从字里行间感受到骆宾王坚守节操的品格，他给后人留下了正气凛然、清正廉洁、耿直不阿的印象。他的《在狱咏蝉》，更为后人借物言志提供了可资借鉴的典范，与《咏鹅》一样，流传至今。

房　琯

身瘗万里，家无一毫琯

别房太尉①墓

〔唐〕杜　甫

他乡复行役，驻马别孤坟。
近泪无干土②，低空有断云。
对棋陪谢傅③，把剑觅徐君④。
唯见林花落，莺啼送客闻。

①房太尉：指房琯。②“近泪”句：意谓泪流之处，土为之不干。③谢傅：指东晋谢安。谢安好下围棋，故云。这里借指房琯。④徐君：本指春秋时期徐国国君，此处借指房琯。这里借用了季札挂剑的典故，后人借以比喻诚信和道义。

本诗首联是说：我将要到异乡去，特意来看看您的坟墓，与您相别。可见杜甫对房琯情深义重。颔联描写辞别房琯墓的情景：泪水湿透了脚下的黄土，无一丝干处；抬头看天空，唯有断云。此句一下子增加了画面的悲凉感。颈联用谢安和徐君比喻房琯，意思是说：我曾经和您一起下棋，如今却只能如季札那样挂剑于您的坟头。尾联以林花、莺啼作结，景色大好，而心情凄凉，两相反衬，更见悲哀之情。

开元十八年（730），三十四岁的房琯任虢州卢氏县令。房琯上任不久，豫西地区遭遇旱灾，洛水见底，小河干涸，田地龟裂，禾苗枯死，卢氏百姓背井离乡、卖儿鬻女、逃荒要饭的不计其数。面对此情此景，房琯心急如焚，连续上奏朝廷，请求开仓放粮，但迟迟不见批

宁波清风园房琯、杜甫塑像（左为房琯，右为杜甫）

广汉琯园

复。眼见许多灾民要饿死，房琯虽知未经朝廷许可便开仓放粮是死罪，仍决心以一人之死换取万民之生，毅然下令打开全县粮仓，赈济灾民，同时写好谢罪文书，准备向朝廷奏明情况后投火自焚。可就在第二天，当房琯正准备派人送出呈文时，圣旨传到卢氏，朝廷同意放粮并命房琯监督执行。因已提前完成，房琯便立即呈报放粮任务已完成的回复。朝廷接报后，认为房琯办事沉稳神速，调他入朝。房琯入朝后，当地百姓为了纪念他，修建了一座房公祠。

开元二十二年（734），房琯升任监察御史，不久被贬至浙江。开元二十六年（738），房琯任慈溪县令。慈溪县城当时很小，房琯到任后，修复了县衙，修建了街道，使慈溪县城的面貌焕然一新。他还在慈溪城外兴修

广汉留琴馆

水利，开凿湖泊，以灌溉农田。在慈溪县令任上，房琯兢兢业业，清廉从政，深得百姓爱戴。房琯调离慈溪后，一路宦海沉浮，在玄宗统治晚期曾官拜宰相，在肃宗统治时期又被罢免。房琯的好友杜甫这时在朝为官，毅然上疏力谏，试图救他，结果触怒肃宗，几遭刑戮。房琯罢相后，不久又被征召回朝，在路遇疾，卒于阆州（今四川阆中）。杜甫后来经过阆州，特意来凭吊房琯之墓，写下此诗。

杜甫与房琯的友情十分深厚。房琯去世后，杜甫还写过《祭故相国清河房公文》。文中写道：“不见君子，逝水滔滔。泄涕寒谷，吞声贼壕。有车爰送，有绋爰操。抚坟日落，脱剑秋高。我公戒子，无作尔劳。殓以素帛，付诸蓬蒿。身瘗万里，家无一毫。”房琯死后只是简单下葬，家无余财，可见其为官廉洁。

白居易

此抵有千金，无乃伤清白

三年为刺史（其二）

〔唐〕白居易

三年为刺史，饮冰复食檗[1]。
唯向天竺山，取得两片石。
此抵有千金[2]，无乃伤清白[3]。

---

①饮冰：形容生活清苦，为官廉洁。食檗：以黄檗为食，形容饱受辛苦。②抵：值。③无乃：难道不。

白居易像

唐贞元年间，白居易考中进士，后被朝廷派往陕西盩至（今陕西周至）任县尉。他刚上任，城西的赵乡绅和李财主就为争夺一块地跑到县衙打官司。为了能打赢官司，赵乡绅差人买了一条大鲤鱼，在鱼肚中塞满银子送到县衙。而李财主则命人从田里挑了个大西瓜，掏出瓜瓤，也塞满银子送到县衙。收到两份“重礼”后，白居易吩咐手下贴出告示，明天公开审案。

第二天，县衙门外挤满了看热闹的百姓。白居易升堂后问道：“你们哪个先讲？”赵乡绅抢着说：“大人，我的理（鲤）长，我先讲。”李财主也不甘示弱地说：“我的理（瓜）大，该我先讲。”白居易沉下脸说：“什么理长理大？成何体统！”赵乡绅以为白居易忘了自己送的礼，连忙说：“大人息怒，小人是个愚（渔）民啊！”白居易微微一笑说：“本官耳聪目明，用不着你们旁敲侧击，更不喜欢有人暗通关节。来人，把贿赂之物取来示众。”

杭州白苏二公祠大门

杭州白苏二公祠

衙役取来鲤鱼和西瓜，当众抖出银子，听审者一片哗然。白居易厉声喝道：“大胆刁民，胆敢公然贿赂本官，按大唐律法各打四十大板！”众百姓无不拍手称快。至于这些行贿的银子，白居易就用来救济贫苦百姓了。

唐长庆二年（822），白居易任杭州刺史。来到杭州后，白居易便开始宣传杭州、赞美杭州，为杭州留下很多名篇，最终使杭州名扬天下。白居易在杭州任刺史虽然只有短短三年，却干了不少实事。首先，他主持疏浚杭城内的六口古井，以解决饮水问题。其次，他积极整治西湖，修堤蓄水，以利灌溉，并写下《钱唐湖石记》，记录了治湖之法，留与后人。

离任之前，白居易回忆并总结了自己在杭州的三年为官生活，虽然“饮冰食檗”，却无怨无悔。三年间，白居易一直廉洁从政，分文不取，但在杭州游山玩水时，曾在天竺山取得两片石头。对于一般人来说，这似乎是一件微不足道的小事，但对于操守高洁的白居易而言，却是大事。白居易觉得这两块石头是杭州之物，在他心中有千金之重，如果离任时带走它们，恐怕会损害自己廉洁清白的名声。

离任前，白居易还把一笔官俸留在州库之中作为基金，以供后来治理杭州的官员作公务上的周转，事后再补回原数。如此廉洁无私，难怪杭州人民世世代代怀念他了。

赵 抃

清极人知劝，诚先吏不欺

送吴柏节推赴阙①

〔宋〕赵 抃

简刑忧俗困，一境被恩私。
清极人知劝②，诚先吏不欺。
席觞徒眷恋③，岸菊渐离披。
荐鹗有余表④，横飞去指期⑤。

---

①节推：即节度推官，主掌勘问刑狱。赴阙：入朝陛见皇帝。②劝：勉励。③席觞：送别席上所饮之酒。④荐鹗：典出孔融《荐祢衡表》："鸷鸟累佰，不如一鹗。使衡立朝，必有可观。"指推荐贤人。⑤指期：指日。

赵抃是宋代的著名清官。他在朝为言官时，常常不惧权势，弹劾各种不法行为，人称“铁面御史”。吴柏是赵抃的好友，两人为官理念相同，惺惺相惜。这天，吴柏将入京朝拜皇帝，赵抃置酒相送，并写此诗送行。本诗是一首五律。首联开门见山，直接歌颂吴柏的政绩：吴柏体察民间疾苦，因此清简刑罚，这样一境都受到他

赵抃雕像

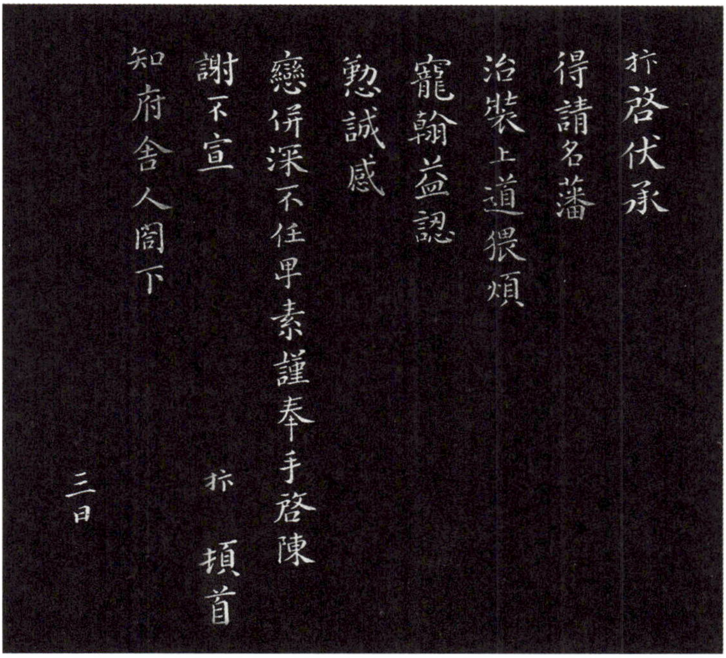

抃啓伏承
得請名藩
治裝上道猥煩
寵翰益認
勤誠感
戀併深不任卑素謹奉手啓陳
謝不宣 抃頓首
知府舍人閤下 三日

赵抃楷书《名藩帖》

的恩惠。颔联顺承而下，写为官之道，有互勉之意：只要清廉至极，吏民就懂得勤勉；只要内心诚实，就不会被人欺骗。颈联笔势陡转，写送别景象：酒席之上，美酒满樽，举目四望，菊花离披——这怒放的菊花不正象征着有德君子吗？尾联则勉励友人，希望他到了朝廷之后，能够像当年的孔融一样，为国家举荐更多人才。

赵抃提倡“三廉”：廉于自身，从自己做起；廉于职务，不能利用手中的权力谋私利，要干净干事；廉于社会，提倡节俭，反对奢靡。赵抃自律甚严，白天处理完公务，每到晚上，都要焚香拜天，口中念念有词。有人好奇地问他在向上苍密告什么，赵抃笑笑说：“哪是什么密告呀！无非是将自己白天做过的事，一件件、一桩桩地在心里说上一遍，借以检点反思。倘若一个人连在那种场合都还不好意思开口说话，那就必定做了什么不该做的事，自己就需要警醒了！”

宋仁宗时，因为四川地处偏远，一些官员不但没有“食君之禄，忠君之事”，反而常常以酒食互相吃请、馈

衢州赵抃祠外景

衢州赵抃祠内景

赵抃“一琴一鹤”塑像

赠，官衙旁边都开了许多酒家。到四川任职时，赵抃一人匹马入蜀，随身携带仅有一张琴和一只鹤。在四川，他以身作则，带头节俭，严厉整顿贪污腐化的官场恶习，并将敢顶风作案的顽固分子绳之以法，终于令四川官场风气大为改变。神宗皇帝当面夸奖赵抃“匹马入蜀，以一琴一鹤自随，为政简易”。从此，“一琴一鹤”成为为官清廉的代名词，人人称赞，代代传诵。赵抃死后，神宗皇帝赐“清献”为其谥号，以彰显其为官“公正清廉”的高风亮节。

岳飞

乾坤正气，河岳日星

题岳庙联

〔清〕王 荦

天下太平，文官不爱钱，武官不惜死①

乾坤正气，在下为河岳，在上为日星

---

①惜：吝惜。

这是杭州岳庙里的一副对联。此联出语铿锵，令人回味无穷。这副对联的上下联各用了一个典故。上联用典出自《宋史·岳飞传》。岳飞为保南宋江山，抗击金兵，征战无数，尽心尽力，皇帝感谢他的功劳，就准备为他建造一座府第。岳飞说：“敌人未灭，何以家为？”又有人问岳飞何时才能天下太平。他说：“只要文臣不爱钱，武臣不惜死，则天下太平矣。”上联的意思是说，只有文官廉洁，武官勇敢，天下才能太平。不惜死、不

岳飞塑像

杭州岳王庙

爱财，品行高洁、坚持操守的岳飞，最终被奸人陷害，含冤而死。下联因此生发，是说岳飞虽然死了，但其正气并未消散，永远含蕴于日月山河之中。有如文天祥在《正气歌》中所说的“天地有正气，杂然赋流形。下则为河岳，上则为日星”。

“文臣不爱钱，武臣不惜死”，这句话说起来简单，做到却不容易。岳飞一生严于律己，清廉无私。他要求全家都穿简朴的衣服，有次看到妻子穿绸缎，就责备她太奢侈了。在军队里，岳飞与士兵们同甘共苦。他只要得到赏赐，都毫无保留地分给部下。

正因如此，他才练就了一支让金兵闻风丧胆的精锐的岳家军。孙中山先生说：“岳飞魂，是中华民族的精神代表，也就是民族魂。”确实如此。

杭州岳王庙——尽忠报国石壁

陈俊卿

兴来三杯酒，生涯万卷书

示二子

〔宋〕陈俊卿

兴来文字三杯酒，老去生涯万卷书。
遗汝子孙清白在①，不须厦屋太渠渠②。

---

①遗：遗留，剩下。②“不须”句：典出《诗·秦风·权舆》：“于我乎，厦屋渠渠。”厦屋，即“夏屋”，大屋。渠渠，高大、深广的样子。

陈俊卿少年得志。绍兴八年（1138），时年二十五岁的陈俊卿考中进士，从此踏上仕途，乾道五年（1169）官拜尚书右仆射、同平章事兼枢密使。身居高位的他并不刻意彰显功名，反而低调为人，甚至府邸的大门都造得很小很低。有人曾对陈俊卿说："您是高官，这样的门不符合您的身份。"陈俊卿听后，笑着说："造房子是为了居住，而不是为了炫耀。我之所以将门开小，是为了让府上的人进出方便。"一个生活简朴、体恤他人的名相形象呼之欲出。他清廉自持，不追求表面的荣华富贵的理念亦随着这首《示二子》传承给后人。

后来，陈俊卿出知福州，众多亲友前来拜访，送礼的人络绎不绝。为了打消这些人的念头，陈俊卿特意筹办了一场酒席，席中他设置了一个对对联的活动，并给出上联"二山出守，应求何以应其求"，现场的人们纷纷对下联，只有一人对出的下联"千里重来，公使尽由公所使"受到陈俊卿的大力褒奖。众人回味后恍然大悟。

陈俊卿素以直言不讳闻名。秦桧死后，陈俊卿官拜监察御史，旋即弹劾韩仲，称如今秦桧已被惩治，余党韩仲仍在朝为官，韩仲当初制造了许多冤案假案来攀附秦桧，靠陷害无辜获得升迁。同为秦桧党人的丞相杨思退也没能逃过陈俊卿的法眼，陈俊卿指控他卖国求和，排斥忠良。朝廷查明真相后，罢免了杨思退。

陈俊卿不仅自身从政廉洁，在选官、任官上，也以廉洁为第一标准。据朱熹《晦庵集》记载：“公（指陈俊卿）为相，以用人为己任，尤抑奔竞、奖廉退（抑制追名逐利之人，奖励廉洁谦让之士），或才可用而资历尚浅，即密荐于上，退未尝以语人。”正因如此，陈俊卿为相时，朝廷方能人才济济。

陆 游

一钱亦分明，谁能肆谗毁

送子龙赴吉州掾[①]（节选）

〔宋〕陆 游

我老汝远行，知汝非得已。

……

汝为吉州吏，但饮吉州水。

一钱亦分明，谁能肆谗毁[②]？

聚俸嫁阿惜[③]，择士教元礼[④]。

我食可自营，勿用念甘旨[⑤]。

衣穿听露肘[⑥]，履破从见指。

出门虽被嘲，归舍却睡美。

……

---

①子龙：即陆游次子陆子龙。掾：古代官府中属官的通称。②肆：尽力。③阿惜：陆子龙的女儿。④元礼：陆子龙的儿子。⑤甘旨：味美的食物。⑥听：听任，听凭。

陆游生活的时代，金频频向宋朝发动战争，积贫积弱的宋朝丧失了大量土地，人民生活在战乱和动荡之中。少年时代的陆游就不得不随着家人逃难，饱尝流离失所之痛。

陆游从小受到父亲的熏陶，很早就有忧国忧民的品格和渴望国家重建的愿望。为了实现自己忠君报国的理想，他特别注意学习兵书。20岁时，陆游在一首诗中写道，“上马击狂胡，下马草军书”，希望自己有一天能亲临战场、杀敌报国。然而直到四十多岁，他才有机会成为一名军官，实现自己的夙愿。

不到一年的军中生活，在陆游的生活和创作中烙

陆游塑像

下了深深的印记。他身着戎装，来往于前线各地。抗敌将士的艰苦生活和爱国热情，极大地提升了他的诗歌境界，豪迈而悲壮也成为他一生诗歌创作的基调。

绍兴沈园——正门

本诗是一首送别诗。写这首诗时，陆游七十八岁，次子陆子龙将去吉州（今江西吉安）为官，作为父亲的陆游写诗相赠。原诗很长，这里节选了部分。本诗与其说是诗，还不如说是一封书信。陆游对即将去做官的儿子陆子龙提出的第一要求就是："汝为吉州吏，但饮吉州水。一钱亦分明，谁能肆谗毁？"也就是要求陆子龙把廉洁摆在首位。陆游之所以这样说，与他自己的理念有关。在《放翁家训》中，陆游写道："天下之事，常成于困约，而败于奢靡。”就是说，奢靡的生活会导致人的失败。因此，简朴生活，廉洁从政，可以说是陆家一贯的作风。

绍兴沈园——务观堂

绍兴沈园——诗境园

于　谦

清风两袖朝天去，免得闾阎话短长

入　京

〔明〕于　谦

手帕蘑菇与线香，本资民用反为殃。

清风两袖朝天去[①]，免得闾阎话短长[②]。

---

①清风两袖：比喻袖内无物。②闾阎：本指古代里巷中的门，后泛指民间。

于谦是明代名臣。他年轻时曾在山西、河南为官，当时朝政被太监王振把持，十分腐败。地方官进京，都要带礼物，以贿赂朝中的高官。本诗第一句的手帕、蘑菇和线香，都是当时河南的地方特产。手帕需百姓纺织，蘑菇需百姓采集，线香需百姓制作。可以说，这些都是民脂民膏。第二句顺承第一句，是说这些特产本应用来改善民生，哪知道很多地方官为了献媚、取悦朝中高官，不断搜刮、聚敛这些特产，给老百姓带来了祸殃。如果说一二句是从反面立意的，那三四句则是从正

杭州于谦祠

于谦雕像

面表意的。于谦直接表明自己的想法：我进京朝见天子要两手空空，免得被地方父老指着脊梁骨骂。这首诗在当时广为流传，得到许多人的赞赏。

正统十一年（1446），于谦入朝，推荐参政王来、孙原贞接替自己。此前，恰巧有一位与于谦姓名相似的御史曾触犯过王振，王振心生怨恨，错以为此人便是于谦，伺机报复。于是，王振抓住这个机会，指使通政使李锡弹劾于谦，说他因长期未获晋升而心生怨恨，擅自举荐他人代替自己，不合大臣的体统。因为这个无中生有的罪名，于谦被关进监狱，受到三法司和锦衣卫的审讯，受尽折磨，并被判死刑。

于谦墓

于谦入狱三个月后，山西、河南的百姓听到了他被判死刑的消息，群情激奋；他们纷纷赶到京城，联名上书，请求朝廷释放于谦。王振虽然嚣张，但也知道众怒难犯，且自己搞错了报复的对象，便授意他人把于谦放了出来，降职为大理寺少卿。

杭州于谦故居——思贤亭

杭州于谦故居——《石灰吟》石刻

百姓们并不满意，他们又集合了几千人，跪在皇宫前上书，请求于谦留任；同时，周王、晋王等藩王也向皇帝进言，提出了同样的请求。朝廷于是再次命于谦巡抚山西、河南。

商　辂

我朝贤佐，商公第一

送杨大尹[①]之官吴县

〔明〕商　辂

九载江村喜抚循[②]，声华从此动朝绅[③]。
东吴刬剧须贤尹[④]，北阙畴咨用老臣[⑤]。
耕凿会看民乐业，弦歌有待俗还淳。
耒阳岂足淹庞统[⑥]，超擢恳知沐宠新。

---

①大尹：明代称太守为大尹。②抚循：抚恤、安抚。③朝绅：束朝服的带子。此处借指朝廷大臣。④刬剧："刬"为割、截断之义，引申为治理。刬剧即治理复杂、棘手的事务。⑤北阙：或宫禁的别名，此处指朝廷。畴咨：访问、访求。⑥淹：即淹留，意为停留，长久逗留。

有明三百年间，三元及第者仅三人，商辂便是其中之一。商辂临事果决，为官清正爱民、廉洁奉公，时人称“我朝贤佐，商公第一”。

这首送别诗中，诗题中的“杨大尹”是商辂的友人，他即将到吴县为官，商辂赋诗为赠。颈联中，商辂既勉励杨大尹，也表达了自己的政绩观：只有勤政爱民，改善民生，让人民生活得更好，才算是好官。

商辂待人宽厚中直，大臣钱溥曾因未能升迁，误以为商辂从中阻挠，便作《秃妇传》讥讽商辂。成化三年（1467），高瑶上疏请求恢复朱祁钰的帝号，黎淳上疏驳斥，因高瑶官位高于自己，便极力诋毁同样主张恢复朱祁钰帝号的商辂。

淳安三元阁（商辂文化展厅）

建德市寿昌镇三元坊

商辂都不与他们计较，对他们还是如往常一样。万贵妃看重商辂的名望，拿出父亲的画像，托人请他写赞语，赠送的礼物非常厚重。商辂竭力推辞，使者便告诉他这是贵妃的意图。商辂说："不是皇帝的命令，不敢接受。"

商辂致仕后，内阁首辅刘吉前去探望，见他子孙众多，感叹说："我与您共事多年，未曾见您笔下妄杀一人，上天回报您如此礼厚，实是应该的。"商辂谦逊地说："只是不敢让朝廷妄杀一人而已。"

商辂不仅严格要求自己，也将自己的为官理念传给后代。其六世孙商为正在山东为官时，正碰上胶莱河疏浚工程的实施，六万军民深陷其中，苦不堪言。商为正见状，细心安慰，得到百姓的赞许。

淳安商辂纪念馆内景

淳安商辂纪念馆花厅

赵大佑

勋业著于官，行谊闻于乡

送邵象峰先生赴河池

〔明〕赵大佑

千山送别海云长，五马犹然旧服章[①]。
只为恩光均率土[②]，翻疑踪迹惯投荒。
远游路绕湘君竹，遗爱花新召伯棠[③]。
消息愿言随处好，本来清白重吾乡。

---

①五马：借指太守。这里指的是县令。服章：表示官阶身份的服饰。②率土：指境域以内。③召伯棠：典出《诗经·召南·甘棠》，这首诗主要写百姓对召伯的怀念，不忍砍伐他曾在下面休息的甘棠。

赵大佑一生“勋业著于官，行谊闻于乡”，为官清正廉明、颇有政声。在政事上，他不仅严于律己，也时常提醒友人要保持清廉的作风。此诗体现了他个人效法先贤、做官为民的思想。他告诫邵象峰，虽然只是被外派做一名知县，仍是“王臣”，要像召伯一样为百姓所爱戴。

赵大佑雕像

赵大佑秉公执法、不畏权贵，经常成为奸臣污吏的眼中钉。嘉靖三十九年（1560），赵大佑任刑部侍郎。当时，尹某纵侈不道，赵大佑奉命彻查尹某，奸臣严嵩嘱咐赵大佑要从宽处理。但他不畏权贵，尽数揭发尹某超越本分、有违祖制之事，严嵩对此非常生气，贬了赵大佑的官，调任都察院任右都御史。嘉靖四十二年(1563)，赵大佑升任南京刑部尚书。在任期间，他并没有“吃一堑，长一智”，而是坚守原则，公正严明地处理案件。如齐某杀害仆人，却反诬是儒生陆某所为，法曹畏惧权贵，害怕惹祸上身，不敢断案，赵大佑毅然独自出庭进行审理。又如，太监马广犯法，依律当处死，有人行重贿给

温岭赵大佑纪念馆

骆问礼像

2017年1月22日，习近平总书记在人民大会堂同各民主党派中央、全国工商联负责人和无党派人士代表欢聚一堂，共迎新春佳节。习近平总书记在同与会人员谈了执政党应有“虚心公听，言无逆逊，唯是之从”的胸襟后说：“‘凡议国事，惟论是非，不徇好恶。’这是参政党应有的担当。参政党一个重要职责是让执政党听到各方面声音，特别是批评的意见。同志们要敢于讲真话、建诤言，客观反映情况。”

习近平总书记引用的“凡议国事，惟论是非，不徇好恶”这句话，出自《明史·骆问礼传》。嘉靖年间，

骆问礼别墅“小天竺”内景一

骆问礼别墅“小天竺”内景二

骆问礼心忧国事，给皇帝上了《十事奏疏》，其中第七事即“凡议国事，惟论是非，不徇好恶”，主张讨论国家大事时，应只以事实上的是非，而不是个人的好恶为标准。这句话掷地有声，显示出骆问礼深厚的理论修养和对事物的洞察力。

《十事奏疏》还提出了其他一些建议，比如“宜益广言路，凡臣民章奏，不惟其人惟其言，令匹夫皆得

骆问礼别墅“小天竺”内景三

骆问礼别墅“小天竺“海眼石刻（海瑞手书）

自效”，是说要重视舆论，善于听取各方面的意见。又如“政令之出，宜在必行”，是说要让政令畅通，不可壅遏，这样才能提高行政效率。再如“面奏之仪，宜略去繁文，务求实用”，是说要摒弃浮华的形式主义作风，提倡踏踏实实的工作方法，追求实效。

骆问礼的《十事奏疏》，正中当时官场的弊端，引起了很大的反响。但遗憾的是，嘉靖皇帝刚愎自用，对骆问礼的建议非但不予理睬，甚至还将骆问礼贬官。复官之后，骆问礼正直刚毅的性格仍未改变，终因被权贵诽谤而弃官归乡。张岱在《三不朽图赞》中称赞骆问礼“遇事敢言，不避权贵。生平佩服朱文公，治家严肃。自制家礼，深合古制，宗党遵依，历世不改。人称‘朱紫阳之功臣，海忠介之高弟’”。朱紫阳，即朱熹，“朱紫阳之功臣”，是说骆问礼其学源于朱熹；海忠介，即海瑞，“海忠介之高弟”，是说骆问礼其行遵法海瑞。有言、有德、有功，骆问礼真称得上实现了“三不朽”。

辛自修

两袖清风，直言上谏

菡　萏

〔明〕辛自修

菡萏幽香远更清[1]，也来华署寄时荣[2]。
应知不为秋风竞，敢向人传君子名。

---

①菡萏：荷花的别称。②署：官署，衙门。时荣：当时的荣华。这里指荷花应时而开。

辛自修生活于明嘉靖年间，是当时著名的言官。他敢说敢做，不避权贵，廉洁正直，克己奉公，是当时官场中的一股清流。嘉靖三十五年（1556），辛自修任山西阳曲知县，其间，他兴修水利，发展生产，打击盗匪，抑制豪霸。由于百姓乐业，辛自修考核上等，调补海宁知州。在海宁任职期间，辛自修爱惜民力，关心民间疾苦，深受百姓爱戴。后来他巡抚保定，曾针对豪强劣绅将赋税转嫁给农家的非法行为深入乡间调查，严令查实田亩，并奏请免去均徭里甲银六万两。此诗就是他在保定官署所作的。

辛自修这首诗，无疑受到了周敦颐《爱莲说》的影响。第一、二句是说，在我的官署里，莲花应时开放，它幽香溢远，清气袭人。这不就是《爱莲说》中所写的“香远益清，亭亭净植”吗？第三、四句的意思是说，在夏秋之际，还有其他很多花纷纷盛开，但荷花并不同它们竞争，而是默默地“出淤泥而不染，濯清涟而不妖”，甘心做花之君子，将此嘉名传播人间。

每到秋后，保定巡抚按例须带兵移住易州驻防，其军资费用，由两地供给。其中，保定方面的费用则节省下来供巡抚个人支配。辛自修上任后，力革弊政，奏请朝廷取消这项滥征。由于薪俸微薄，辛自修便与夫人开垦署内隙地以补不足。一名襄城老乡到保定探望辛自修时，见他与夫人在府中提水浇灌蔬菜，感动地说："真乃清苦也，实天下第一廉吏尔。"

辛自修不仅一身清正，两袖清风，而且大义凛然，不媚权贵。他曾上疏请求朝廷查办京营总督李燧的失职行为以及诚意伯刘世延冒领军功的行为。他曾亲自查办御史沈汝梁的贪污罪行，并依法严惩，将犯官充军边陲。诸多冤案因他而得以昭雪。

一身正气，两袖清风；昭雪冤案，肃清吏治。正是像辛自修这样的人，在古代中国的某一历史时期或某一地理区域营造了风清气正的社会环境。

朱 珪

养心勤业，敬身虚己

自署大门联

〔清〕朱　珪

铁面无私，凡涉科场①，亲戚年家须谅我②

镜心普照，但凭文字，平奇浓淡不冤渠③

①科场：科举时代举行考试的场所。②年家：科举考试同年登科者之间的互称。③平奇浓淡：指文章的优劣。渠：代词，表示“他”。

朱珪生于北京，祖籍绍兴府萧山。某次，他奉命到浙江视学主考，乃作此联贴于家门上。“科举考试必须要彰显公平，容不得犯法作弊，今日我在浙江主考，不得不铁面无私，亲戚、年家们请体谅我这份苦心；我心如镜，对所有考生一律公平，只以你们的文章优劣来定成绩，不会冤枉任何一个人。”这副门联体现了朱珪廉洁奉公、公正公平的价值取向。

在五十多年的宦海生涯中，朱珪一直以“养心、勤业、敬身、虚己”为座右铭，不断提高品德修养，并将其落实到日常生活之中。朱珪任安徽巡抚时，遇到洪灾，粮食无收，百姓流离失所。朱珪深入灾区查看灾情，积极开仓赈灾，与百姓一同修筑大堤，让百姓的生活安定下来。

朱珪去世后，嘉庆皇帝非常悲痛，特予赐葬，并评价其人曰：“持躬正直，砥节清廉，经术淹通，器宇醇厚。凡所陈奏，均得大体。服官五十余年，依然寒素。家庭敦睦，动循礼法。洵不愧为端人正士。”又说他“半生惟独宿，一世不言钱”。“半生惟独宿”，是说朱珪四十多岁时妻子去世，他不再续娶，一个人独宿半生；“一世不言钱”，是说朱珪一生清正廉洁。在古代社会，像朱珪这样的清官，确实少见。

汪辉祖

入幕为名流，归里为醇儒

双节堂庸训·治家（节选）

〔清〕汪辉祖

所贵乎有财者，以能为所当为，可得体面也。若义非当，取必越分……此等近利之徒，不过炫裘马饰妻妾，当为之事必不能为。即为父母营养葬，为子孙求田宅，庸人羡之，达人鄙之。不体面又孰甚焉？何如安贫守分，人人敬礼者之为有体面乎？

汪辉祖画像

《双节堂庸训》是汪辉祖遭人诬陷，罢官回到家乡后所写的家训。汪辉祖写此家训，本意是想训诫汪氏子孙，不曾料想其成为清代著名的家训，并广为流传。《双节堂庸训》有六篇，节选的是《治家》篇中的一条。在这条家训中，汪辉祖告诫子孙财富要来得正当，要做有益于社会的人，绝不能为富不仁。纵观汪辉祖的一生，其无论是做幕僚还是做官，皆端方行事，恪守清正的原则。

汪辉祖不仅是一代清官名幕，更是一位通古博今的学者。在做幕僚时，他凭借自己广博的学识，侦办了一起事关国计民生的大案，使得百姓免遭冤屈。乾隆早期，江、浙、闽沿海一带发现大量的“宽永通宝”，朝廷怀疑是私人所铸，命两江总督尹继善严查。后经汪辉祖细心侦查，发现“宽永通宝”由日本流入，非中国沿海地区的百姓私铸。

汪辉祖任宁远知县时，当地发生一起争夺山场的杀人案，案情扑朔迷离，汪辉祖巧使一计，使真相大白。由于他断案精准又铁面无私，宁远老百姓称他为“汪龙图”。汪辉祖还十分关心百姓的日常生活，做了很多对百姓有益的实事。当时，宁远百姓所食用的盐主要是价格相对较高的淮盐，一些贫苦人家无力购盐，汪辉祖了

萧山汪辉祖故居

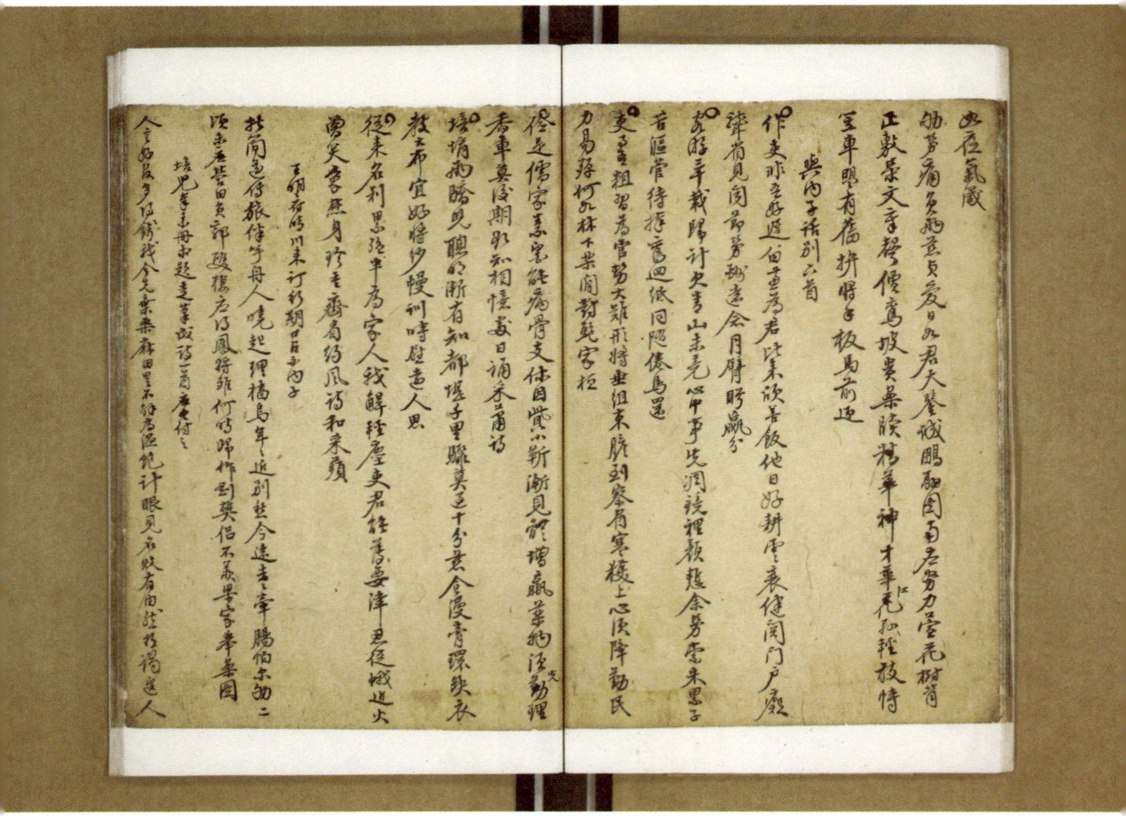

汪辉祖诗稿手迹

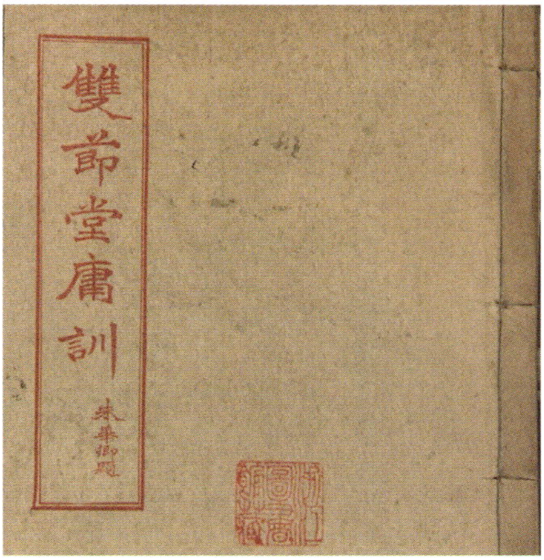

《双节堂庸训》书影

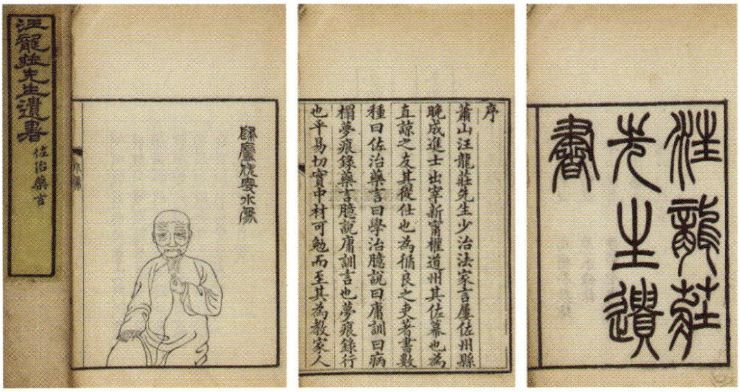

《汪龙庄先生遗书》书影

解情况后，据理力争，最终使宁远百姓吃上了价格相对较低的粤盐。当时的文学家洪亮吉评价汪辉祖：“计君一生，在家为孝子，入幕为名流，服官为循吏，归里后复为醇儒。律身则全受全归，应物则实心实政。”

汪辉祖晚年虽退隐故里，不再涉足官场之事，但他仍然心系民生。他为人正直，乡居期间，乡民每有纠纷，他都乐于调解；为修复塌陷的萧山西江塘，他做了大量工作却不计报酬。汪辉祖在官府做幕僚前后三十多年，深知底层百姓生活的艰辛，也了解官场的腐败状况，但他始终严于律己、慎以修德。

汪辉祖在《双节堂庸训》的自序中有这样一段话："夫人无中立（中正的立场），不志于圣贤，其势必流于不肖，可不慎欤？"这也是对他自己一生做事、做人的真实写照，亦是永不过时的箴言。

薛时雨

耿介刚直、勤政爱民

杭州府衙署联

〔清〕薛时雨

为政戒贪，贪利贪，贪名亦贪，勿骛声华忘政事[①]

养廉惟俭，俭己俭，俭人非俭，还从宽大保廉隅[②]

---

①骛：追求，强求。②廉隅：棱角。比喻品行端正。语出《礼记·儒行》：“近文章，砥厉廉隅。”

薛时雨是晚清文人，其创作的对联、诗词冠绝一时。他在嘉兴知县任上，曾遇大旱，当地百姓无以为食，生活困苦。于是他上报灾情，请求上级停征税粮，谁知竟遭拒绝。上级仍不断下公文催征，他拒不执行，后被罢官。当地百姓闻知此事后说："清官者，首推薛嘉兴。"当时很多诗人为此所动，有人写诗记录此事曰："天灾降夏秋，旱魃旱为厉。勘灾我公勤，都鄙常亲诣。步祷大府随，诚心期格帝。自谓官职卑，实为民生系。地限一隅偏，命惜万民毙。关心悯夏畦，敛手征秋税。"大意是说，夏秋之际，上天降灾，旱魃（传说中能造成旱灾的妖怪）逞凶，十分严重。我公（即薛时雨）不辞辛劳地察看灾情，不论多么偏远的地方都亲自慰问。同时还祈祷上天，希望自己的诚心能够感动天帝（而消弭旱灾）。薛时雨认为自己虽然官职低微，但确是民生所系，因此不能不关心民间疾苦，抗征秋税。

后来，薛时雨复官，出任杭州知府。在知府衙署，薛时雨题了所选这副对联。上联是说，为官一定要戒贪。贪污受贿、追求财物固然是贪，但诸事不管、博取清名其实也是贪，所以官员在廉洁从政的同时，还要多干实事，不能一味地追求声誉。下联是说，要以俭朴之心养廉。自己节约，那是真节俭；对别人节约俭省，那就不是真的节俭了。所以为人要以宽大为怀，这样才能保持端正的节操。

“贪利贪，贪名亦贪”，这非熟知官场习气者不能言。清代，一些官员喜欢沽名钓誉，或许很廉洁，但往往为了求高名而不干实事，成为庸官，没有发挥应有的作用。所以，为官既要廉洁，还要做事，这才是为官的本分。

学以济世

浙江山清水秀，是人文荟萃之地，无论古代还是近代，浙江都名家辈出。其中不乏文韬武略、学以济世的官员。

本篇所选人物，主要是浙江历史上为官清正、学以济世的学者型官员。他们有高尚的道德情操，抱着“为官一任，造福一方”的人生志向，把自己生平所学的知识，奉献给国家和人民。他们有远见卓识，不计个人得失，以忧国忧民为己任。他们的思想博大精深，如王阳明、黄宗羲等，写出了鸿篇巨著，给中华民族留下了宝贵的精神财富。他们为官政绩卓著，如阮元，在杭州创立了诂经精舍，为浙江培养出一大批承前启后的时代英才。他们的事迹，激励着一代又一代浙江人。

王十朋

方寸不可欺，勿忘造福人

书不欺室

〔宋〕王十朋

室明室暗两何疑，方寸长存不可欺[①]。
勿谓天高鬼神远，要须先畏自家知。

---

①方寸：此处指人心。

王十朋是宋代名臣，他深谙敬畏之心的作用，并为自己的书房取名“不欺室”，告诫自己要时刻明辨黑白，不可欺骗天道，不可欺骗鬼神，不可欺骗人心，始终保持对人、对事的敬畏之心。

王十朋于绍兴二十七年（1157）由宋高宗亲自拔擢为状元，踏上仕途。据《宋史》记载，王十朋在饶州为官时，正逢饶州出身的丞相洪适回乡考察。洪适回到旧居时，觉得自己贵为丞相，位极人臣，旧居却过于狭小，想要扩建，便去拜访王十朋，请其将官学用地划

王十朋雕像

温州王十朋纪念馆内景

拨给自己，以修建后花园。在等级分明的传统社会，下级往往对丞相等高官的要求无所不从。王十朋却刚正不阿，拒绝了洪适的要求，并对他说：“这学宫并不是我王十朋所住的，而是先贤圣哲的栖身之地，我有什么资格和胆量，将它划给别人呢？”此事后来朝野皆知，传为佳话。

王十朋一生清廉，乐善好施，但他也有坚守的原则。在其故里乐清，曾有一名富商喜好宴请名人，并索要墨宝以附庸风雅。状元出身的王十朋自然没能逃过此劫，被诓骗到其府上用餐。餐毕，富商不断向王十朋索要作品，王十朋脱身不得，只得题下“钱家鱼肉满箩筐，百姓糠菜填饥肠。享福毋忘造福人，升官莫成殃民郎”四句诗，将富商姓名“钱百享”作为藏头，讽刺他的贪婪，同时也传达出蔑视权贵、心系百姓的思想。后来，乐清百姓为了纪念王十朋，就把这条无名巷取名为“拦诗巷”。至今，讽刺豪绅的城中小巷和不欺室主的两袖清风，仍然影响着乐清的社会风貌。

温州王十朋纪念馆外景

朱 熹

葱麦两相宜，忧民何充饥

德兴县叶元恺家题

〔宋〕朱 熹

葱汤麦饭两相宜，葱暖丹田麦疗饥[①]。
莫道儒家风味薄，隔邻犹有未炊时。

①丹田：腹部。

朱熹像

朱熹虽生于贵胄之家，却律己甚严，一生以清贫著称于世。据记载，朱熹在日常生活中“衣取蔽体，食取充腹，居止取足以障风雨。人不能堪，而处之裕如也”。就是说，朱熹崇尚节俭，对衣、食、住等只有最基本的要求。

南宋前期世道多艰，为官刚正、廉政爱民者最为难得，朱熹便是其中的典范。乾道三年（1167），福建崇安发生水灾，朝廷派朱熹前去视察灾情，他曾遍访崇安各山谷。在视察过程中，朱熹发现当地官员根本不在乎百姓的死活，更别提和百姓共同应对灾害了。到了第二年，粮食颗粒无收，加之地方官员不认真救济，崇安便发生了饥民暴动。这时，朱熹与知县诸葛廷瑞命令地方豪富用私人储藏的粮食赈救饥民，朱熹又请求朝廷拨粮赈济，这才平息了饥民的暴动。为避免今后遇灾再手足无措，朱熹还建立了“社仓”制度，即平时由官府储藏粮食，出现自然灾害等困难时，官府以低息或无息将粮食贷给农民，防止农民被豪绅趁火打劫。朱熹不但在崇安进行试点，还上书皇帝，建议向全国推行。但终因遭到权势者的阻拦，没能顺利推广，仅有浙江金华、福建建阳等地对这项制度进行试点。

作为理学大儒的朱熹，对“廉”的认识也颇有见

朱熹所题仙居鼎山堂匾额

地。与孔子所提出的清官要“矜也廉”不同，朱熹认为，“廉”应当是“棱角峭厉”“端正四方”的，面对财物、权势等诱惑，廉洁的人必须“竣刻、悍悻”，即表现出明确的强硬态度，坚决拒绝诱惑。朱熹本人也棱角分明，无论是在朝堂之上反和主战、力谏抗金，还是在学术上与陆九渊等人论辩哲学，都表现出率真刚直的个性特征。

朱熹讲学地——仙居桐江书院

吕祖谦

研学当致用，胸中万斛清

祭酒芮公既殁四年门人吕某始以十诗哭之（其四）

〔宋〕吕祖谦

交广归来里巷迎①，破囊又比去时轻。
何须更酌廉泉水②，夫子胸中万斛清③。

---

①交广：交州和广州，泛指南方地区。②廉泉：传说古代广东的东莞、连州等地有廉泉，泉水可以让人变得廉洁。这里是虚指。③斛：古代的容量单位。南宋以前，十斗为一斛。南宋末年改为五斗一斛。

吕祖谦像

祭酒芮公，即乾道五年（1169）任国子祭酒的芮烨。吕祖谦曾向他求教，故以门人自称。芮烨为官清正，吕祖谦对他极其崇敬，夸赞他不必像其他官员那样饮“廉泉”之水祈求清廉，因其心中自有万斛清泉，清明纯正至极。芮公为官立世的风骨，也成为吕祖谦毕生的价值追求。

吕祖谦以等身著作流芳千古。他在理学、心学等方面建树颇丰，开辟了婺学流派，成为与朱熹、陆九渊齐名的宋代思想家。他的思想也贯彻在对为官之道的思考中。他提出了“清”“慎”“勤”的为官原则，要求官员不仅要清廉勤勉，更要小心谨慎，时刻反省自查，防微杜渐，这正与当今倡导的从政原则不谋而合。

吕祖谦墓

出身宰相世家的吕祖谦，对为政举措的思考也充满真知灼见。他强调“法德并施”的执政方针。“法”，强调以严法惩戒犯罪。他对官员们也较为严苛，屡屡上书，建议皇帝大力整治朝堂，有罪必刑，绝不宽待。但是，吕祖谦并非只提倡法家的法治思想，而是吸收了儒家德治思想，提出了“深恩固结于法制之外”的理论。他向统治者说明，只靠严酷的法令治理百姓，当遇到紧急情况时，如果法制瘫痪，百姓便要逃跑和反叛。只有在平日里“忧民之忧、乐民之乐”，百姓才会在危难之时以恩报恩，为国家效力。

吕祖谦精于著述、热心教育，将自己经世致用的治家、治学、治国思想传播开来，对当时、对后世、对当代都具有深远的影响。

吕祖谦执教地——武义明招讲院

宋　濂

岂无百虫食，政以廉洁故

拟　古（其二）

〔明〕宋　濂

秋蝉啼枯枝，朝夕饮风露。
岂无百虫食，政以廉洁故。
黄昏鸣声悲，似欲有所诉。
不受丹鸟知[1]，反逢螳螂怒。
陨身亦何辞[2]，吾能改其度？

---

①丹鸟：凤凰的别称。②陨：丧失。

宋濂雕像

宋濂性情直率，有着刚正不阿的品格。入明为官后，即使面对较为严厉的皇帝朱元璋，宋濂也不改其性，直率坦诚。据说，朱元璋曾怀疑宋濂表里不一，便在一天他设宴待客时，派人前去监视。第二天，朱元璋问宋濂昨日宴会是否饮酒，宾客何人，饭菜有什么，宋濂都如实回答，与监视者看到的完全一样，这使朱元璋对他的忠心青睐有加。宋濂性情直爽，且直言敢谏。一次，朱元璋问起朝中大臣的好坏优劣，宋濂只列举了那些做官为人甚好的官员的例子。朱元璋认为他是明哲保身，宋濂说，我只与品行良好的官员为友，所以了解他们；那些品行不端的人，我根本不和他们交往，也自然没有过多了解。朱元璋听罢既无言可对，又深觉满意。

宋濂一生正如他的名字一般，为官清正廉洁，不曾有丝毫污迹。《拟古（其二）》便是他抒发清廉追求的名篇。诗中，他借对秋蝉蛰伏泥土多年默默无闻、一朝破

宋濂执教地——浦江东明书院遗址

金华宋濂故居遗址

南京《阅江楼记》石碑（宋濂撰）

士啼鸣却为螳螂捕猎的自然现象的感叹，表达自己愿学秋蝉，即使殒命于廉政，也不愿改变正大光明的性情的意愿。宋濂学问广博，常有同僚、朋友或慕名前来的人向他求学问道，宋濂无不热心接待。但只要来人赠与金银，哪怕只是谈及金钱、利益，宋濂便立刻翻脸，严词拒绝，甚至将访客逐出门外。后来，有日本使者仰慕宋濂在散文上的成就以及“诗文三大家”的名号，前来请宋濂作文以收藏，并奉上黄金百两，被宋濂一口拒绝。某日朱元璋问起，宋濂说道：“我是天朝臣子，若是收

浦江县郑宅镇的宋濂手植柏树

了他国使者的金钱，岂不是辱没了我朝国体？”此般忠心清廉，深得朱元璋的赏识。

宋濂不仅清正持身，亦重家风训育，曾作“宁可忍饿而死，不可苟利而生”的对联悬于门上，并以“欲治其国者，先齐其家；以孝悌为本，以忠信为主；以廉洁为先，以诚信为要”等警示后人。聚居在义乌市上溪镇潜溪村的宋濂后裔，至今仍保持着这样的处世之纲。

刘 基

尚俭弭邪侈，澄心清烦嚣

拟连珠（其一）

〔明〕刘　基

是以去奢尚俭，明君所以弭邪侈①；澄心省事②，哲王所以清烦嚣③。

①弭：消除。邪侈：不正常的行为。②省事：明白了事理。③哲王：贤明的君主。烦嚣：喧扰。

刘基雕像

刘基，字伯温，累任元、明两朝。为官期间，刘基始终保持着廉洁奉公、执法如山、不徇私情、不畏权势的“廉吏”形象。在元朝，刘基因其耿直刚毅的性格，屡屡与同僚、上级发生矛盾，仕途起伏不定。至正十三年（1353），刘基任江浙行省都事。因反对招安台州“首恶”方国珍而得罪上级，去职还乡。随后几年又逐步复职，于至正十八年（1358）升任浙江省郎中，然而，元朝廷为抑制刘基军功，“仅由儒学副提举授处州路总管府判，且不与兵事”，刘基愤而弃官归里，彻底与元朝统治者决裂。

到了明朝，刘基依然不改刚直的秉性。在与皇帝讨论丞相人选的时候，朱元璋有意让杨宪、汪广洋、胡惟庸其中一人担任，刘基均予以否定，并直言不讳地指出三个人的缺点：“杨宪有相才，无相器”“汪广洋褊浅，观其人可知”“胡惟庸小犊，将偾辕而破犁矣”；而当朱元璋请他做丞相时，他亦是直面自己的性格缺陷，坚辞不受。

后来，刘基出任御史中丞。有一天，刘基的府上来了几位痛哭喊冤的百姓，经询问得知，乃是丞相胡惟庸的儿子在闹市骑马撞倒了一位老父，胡公子竟下马将老人杀死，扬长而去。刘基先将相府家丁传来审问，家丁仗势，趾高气扬，拒不承认。刘基拿出证物——胡公子杀人所用的佩刀，家丁才不得不说了实话。

温州刘基庙

刘基故居

胡公子被缉拿归案后，仗着父亲的地位拒不认罪，刘基便让告状的百姓、作证的家丁和胡公子三方对质，将事情查得水落石出。胡惟庸得知自己的儿子犯了罪，且落在了刘基手中，万分焦急，亲自前来向刘基求情，乞求免于死刑。刘基铁面无私，严厉斥责道：“王子犯法，与民同罪。你儿罪恶滔天，今日不斩，难平民愤！”说罢将令箭往地下狠狠一丢，令刀斧手将凶犯解往法场斩首示众。

自此，刘基便在百姓心中树立了“刘青天”的威名，深受爱戴。

王守仁

题诗忽忆并州句，回首江西亦古园

寄江西诸士夫

〔明〕王守仁

甲马驱驰已四年[①]，秋风归路更茫然。
惭无国手医民病，空有官衔縻俸钱[②]。
湖海风尘虽暂息，江湘水旱尚相沿。
题诗忽忆并州句[③]，回首江西亦故园。

---

①甲马：铠甲和战马。泛指军备和战争，此处比喻带兵打仗。②縻：通“靡”，耗费、浪费。③并州句：唐代刘皂有《旅次朔方》：“客舍并州已十霜，归心日夜忆咸阳。无端又渡桑干水，却望并州是故乡。”刘皂在此诗中表达了对客居地并州的留恋，王守仁提到此诗也表达了对为官地江西的不舍。

王守仁文武双全。作为一名哲学家，他集心学之大成，一贯强调“致良知”，并把这种理念贯彻到日常生活中。作为一名将军，王守仁曾带兵平叛，取得了一些军功。正德十一年（1516），王守仁奉命巡抚江西等地。当时，江西山贼、土匪横行，以往的地方官都不能将他们制服。王守仁到任后，经过秘密察访，掌握了山贼、土匪的动向，然后集中兵力将其一举荡平。为患多年的山贼、土匪被剿灭后，当地百姓对王守仁敬若神明。

正德十四年（1519），宁王朱宸濠发动叛乱。王守仁采取围魏救赵之计，集中优势兵力攻打宁王的大本营南昌，迫使宁王回援，将其擒获。平叛后，王守仁将已经擒获的宁王朱宸濠带到杭州，提督东厂江彬为夺功绩，派遣一队锦衣卫去杭州要人。王守仁已把朱宸濠送

王阳明故居——余姚瑞云楼

王守仁画像

王阳明故居客厅

到了太监张永那里，锦衣卫见无人可要，便向王守仁要钱，王又没有钱，但是碍于面子，他还是给了锦衣卫的首领五两银子。首领看着这点银子，极为愤怒，把银子砸在地上，扬长而去。王守仁说：“我怕阁下来去辛苦，特备薄礼，没想到阁下竟如此廉洁，居然分文不取！我这个人没有别的长处，就是会写文章，今后必定为阁下写一篇文章，让天下所有的人都知道阁下的高风亮节！”所谓“阁下如此廉洁”是给这名首领台阶下，顾及他的面子。所谓“我没有别的长处，就是会写文章”，是在警告他：你要敢乱来，我就写一篇文章，让天下人都知道你的恶行。王守仁坚持了原则，也避免了麻烦。

王守仁一生为我们留下不少勤政爱民、清廉为官的事迹，这些都值得后人怀念和传扬。

宁波阳明学展厅

刘宗周

直言进谏，心如洁霜

御史台联

〔明〕刘宗周

无欲常教心似水[①]

有言自觉气如霜[②]

①无欲：指心中没有贪欲。②霜：指霜操，比喻人高洁的气节。

刘宗周历仕明天启、万历、崇祯三朝以及南明小朝廷，于崇祯年间和南明福王监国时期出任御史一职。此联的意思是：人能做到没有贪欲，那他的心就会像水一样清纯透彻。为了能使心一直保持清静，人们要“常教”自己的心；直言进谏，自然就会觉得有霜洁一般的刚正、威肃之气。

刘宗周画像

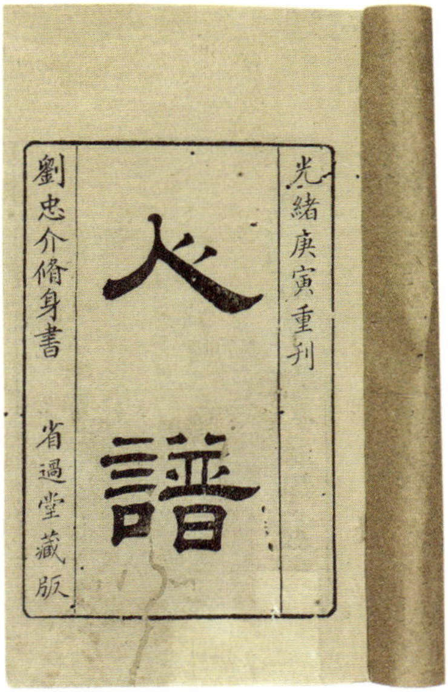

刘宗周《人谱》书影

刘宗周出身贫苦农家，据记载，考中进士后，他依然“敝衾破缶，衣食不继，往往靠借贷度日”。后来虽官居高位，依然以廉为本，生活朴素，“闻召就道，尝不能具冠裳”。在南明任官时，刘宗周“日给不过四分。每日买菜、腐一二十文”，时人称其为“刘豆腐”。当时南京又有歌谣唱道：“刘豆腐，出入都门，行李一肩。”刘宗周又得“刘一肩”之雅号。

刘宗周曾两次弹劾魏忠贤。天启元年（1621），刘宗周任礼部主事，彼时，明熹宗重用魏忠贤，朝纲渐趋混乱。刘宗周心忧社稷，任主事官不足一年便上书劾奏魏忠贤，请求恢复明太祖铁榜之制，防止太监擅权越政。魏忠贤对此又恨又怕，挑动明熹宗出面责备刘宗周“出位妄言，好生可恶”，刘宗周被仗责六十，罚俸半年，险遭罢官。天启四年（1624），刘宗周到通政司任职，再次弹劾魏忠贤误国之罪。当时魏忠贤已权倾朝野，满朝文武皆惧其三分。刘宗周把呈送的奏章送到通政司后，司中人惊得目瞪口呆，连说：“这是什么时候，竟然上书弹劾魏忠贤，估计奏章没上，大祸就临头了。”刘宗周不为所惧，坚持直言进谏，终致罢官。

弘光元年六月十三（1645年7月6日），杭州失守，潞王降清。六月十五（7月8日）午刻，刘宗周听到这一消息，推案恸哭，说：“此予正命时也。”于是他决定效法伯夷、叔齐，开始绝食。弘光元年闰六月初八（1645年7月30日），刘宗周前后绝食二十日而死。

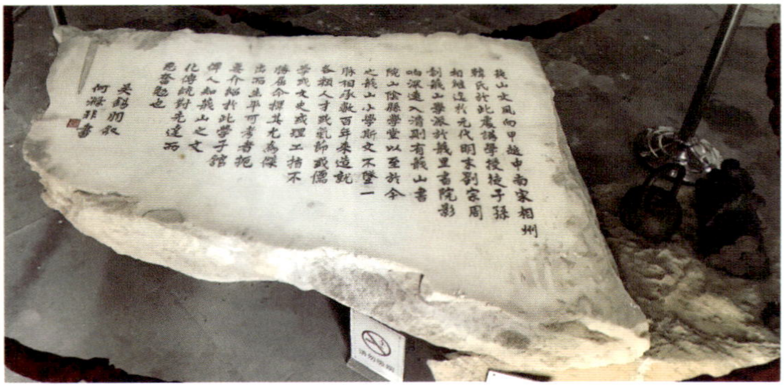

刘宗周纪念馆石刻

黄宗羲

死未肯输心，贫亦奈我何

山居杂咏

〔明〕黄宗羲

锋镝牢囚取次过①，依然不废我弦歌②。
死犹未肯输心去③，贫亦其能奈我何！
廿两棉花装破被，三根松木煮空锅。
一冬也是堂堂地，岂信人间胜著多。

①锋镝：本义指箭的尖头，此处泛指兵器。②弦歌：此指弹琴放怀高歌。③输心：内心屈服。

黄宗羲画像

黄宗羲生于晚明乱世，成长于明清鼎革之际，早年致力于抗清斗争。在抗清失败后蛰居乡村，致力著述，以济后世。黄宗羲之父是“东林七君子”之一的黄尊素，因弹劾魏忠贤而被下狱杀害，黄宗羲隐忍不发。崇祯元年（1628），魏忠贤、崔呈秀已除，黄宗羲上书请求惩治阉党余孽许显纯、崔应元，在刑部会审的公堂之上，他亲手刺死许显纯，痛殴崔应元，拔下崔应元的胡子来祭奠父亲，被崇祯皇帝称为“忠臣孤子”。

黄宗羲既仕明朝，便忠心不二。清军攻下南京后，黄宗羲回到家乡余姚，变卖田产，召集乡里青年，响应孙嘉绩、熊汝霖的起义，组织“世忠营”共同抗清。随后，他坚持抗清十余年。抗清期间，流传最广的诗篇就是这首《山居杂咏》。这首诗充分彰显了他的气节与情操。诗中诉说道：在抗清的这段时间里，我历尽刀光剑影，纵使囚禁于牢笼，也一样从容淡定，没有放弃弹琴高歌的豪情。我连死亡的威胁也不曾屈服过，这贫困又能拿我怎么样！虽然我缺衣少食，尽管这个冬天那么寒冷，也只不过是我的身躯多了一次历练而已。黄宗羲面对连温饱也得不到保障的生活条件，依然表现出自信和乐观，展现出忠心仕明、永不二心的气节。

明朝虽亡，黄宗羲其人其事却早已流传开来。时至康熙年间，他的名号早已为皇帝悉知。康熙爱才，欲

黄宗羲隐居地——余姚龙虎草堂外景

黄宗羲隐居地——余姚龙虎草堂内景

黄宗羲墓

以高官厚禄请黄宗羲入朝辅政，黄宗羲却始终不从，甚至在父亲的墓旁建起自己的坟茔，并令儿子告知来访官员，自己已去世，以此推脱。

拒绝为官的黄宗羲投身著述，留下著作50余种，300余卷，将自己对国家、对百姓的满腔热血，化作句句济世良方注入纸张墨迹，留予后人。温家宝总理曾说："我喜读黄宗羲的著作，在于这位学问家的许多思想有着朴素的科学性和民主性。身为天下人，当思天下事。而天下之事，莫过于万民之忧乐。"这正是对黄宗羲其人其思的精辟概括。

陆陇其

唯有书数卷，天下一清廉

田家行[1]（节选）

〔清〕陆陇其

谁云田家苦，田家亦可娱。
上年虽遭水，禾黍多荒芜。
今年小麦熟，妇子尽足哺[2]。
所惧欠官钱，目下便当输[3]。
昨夜府檄下，兵饷尚未敷[4]。
里长惊相告，少缓自速辜[5]。

①田家：指从事农业生产的人家。②哺：哺育。③输：输送、缴纳。④敷：完足。⑤辜：罪责。

陆陇其画像

据《清史稿》记载，陆陇其为官理政的方法有很多，其中最著名的是治县“三法”：让原告、被告同来县衙、相互陈述调节的“自追法”；征税时公布欠税人姓名，等其自行缴税的“挂比法”；不横征暴敛、给予分期完税时限的“甘限法”。据记载，陆陇其任嘉定知县时，有个姓余的农民欠了两年钱粮，答应分期完税，却一而再、再而三地拖延，总也完不了税。陆陇其无奈，不得不下令行杖。这时，余氏又一次哀恳，并表示十日之内一定交清。陆陇其见他神情诚挚，就答应了他。到了限期，余氏缴清了两年的通欠。陆陇其还以为他非偷即抢，当即将他捉拿。稍加审问，才知他实在无计可施，竟将自己年仅16岁的独生女寿姑变相地卖给了邻居陈家，自己不陪送任何嫁妆，对方也不办喜事，只待天黑后将女儿从后门悄悄送到陈家去“圆房”。余氏所提出的唯一条件，就是陈家帮他凑足所有的欠粮款。陆陇其还获悉，寿姑端庄孝顺，陈家的儿子也忠厚、勤快，两人基本般配。寿姑“过门”去陈家的时间，就定于余氏完税的当天晚上。陆陇其感慨万千，即与夫人商议后，将寿姑收为义女。陆夫人也将自己陪嫁的一支玉钗和一副宝石耳环，赠予义女作嫁妆。接着，又雇来花轿和吹鼓手，将义女欢欢喜喜地送到了婆家。这件事，一时在全县传为美谈。

陆陇其故里——平湖市新埭镇泖河村

平湖市新埭镇稼书亭

陆陇其四十六岁才真正步入仕途，出任嘉定知县。到任后整顿吏治、抑制豪强、铲除恶俗、以德化人，颇得百姓拥护。陆陇其在嘉定任职时，正逢江苏巡抚慕天颜寿庆。他就拿夫人织的一匹布及缝的两双鞋作为庆寿礼物送至慕府，慕天颜不悦，后借口陆陇其迂腐不能胜任其职，降级调用。嘉定百姓不服，罢市三日。陆离任时，嘉定九乡二十都的百姓夹道送行，许多人甚至一路送行至平湖新埭泖口的陆家。两年后，左都御史魏象枢应诏举荐十名清廉官员，陆陇其便名列其中。魏象枢的奏疏中是这样推荐陆陇其的："原任江南嘉定县革职知县陆陇其，浙江平湖县进士。清操饮冰，爱民如子。因注误被革，万民怨恫。未去而皇皇罢市，既去而家家尸祝。又闻与妻同驾小舟，唯有图书数卷，其妻织机一张而已。"可见陆陇其为官之清廉。

阮　元

为官有初意，勿使民怨言

北新关署大门联[1]

〔清〕阮　元

上古关无征，后世不得已而榷关，慎勿失其初意；
本朝税有额，小民如其分以纳税，何可使有怨言。

①北新关署：明清时期杭州征收赋税的关署。

阮元画像

北新关署，位于杭州城北。据史料记载，此地最早设关是在明嘉靖时期。清代，北新关署对赋税的征收极为严苛，关吏不仅不按正常标准收税，还随意搜刮、敲诈往来客商。当时的诗人舒位曾作诗讽刺当时北新关关吏的横征暴敛，“杭州关吏如乞儿，昔闻斯语今见之”。由此可见阮元未兼管北新关署之前的状况。阮元于嘉庆五年（1800）正式就任浙江巡抚，并兼管北新关署。他深知此关关吏收税手段五花八门，兼管之后立即着手整顿，并写了这副对联，对关吏不择手段的征收行为予以警示。

这副对联，上联说事，下联陈情。上联是对关吏的警醒，从远古设关不是为了收税说起，进而陈述后代设关征税，实在是不得已之举。因此，今日征税一定要谨慎，切不可忘记设关的初衷。下联陈情：本朝（清朝）

杭州阮公祠——主殿

杭州阮公祠外景

的税种，各有各的额度规定，过往的客商要按相关规定，区别不同的税种缴纳。关吏按规定收税，客商照规定交纳，这还有什么可埋怨的呢？该联用简单的语言把复杂的人和事组成一连串的因果关系，作为警醒、劝告，展示给关吏及过往的客商。其实际效果，远比一道禁令或一张布告要好得多。

阮元为官，兴水利、造海塘、剿海匪、禁鸦片、办学校、赈灾荒、廉政爱民，政绩卓著，受到乾隆、嘉庆、道光三位皇帝的褒扬。据记载，金华一带曾有溺死女婴的陋习，官府屡禁不止。阮元则转变思路，用奖励代替惩罚，他用自己的俸禄建立了一项奖励基金，谁家生了女儿，只需到各县县学报告注册，便奖励一两银子。但这银子必须在一个月后经官员再次查验确认后方可兑现。事实上经过一个月的抚养，家人与女婴之间已经建立了感情，谁还忍心再将之溺死呢？这项政令取得了非常好的效果，至今仍为后世称颂。

阮元还热心教育，兴办了多所学堂、书院。当遇到经费不足、书院难以支撑的窘境时，阮元常用自己的钱财，或贷于商家，或将店铺出租，所获收益全部用于书院开销，为他所管辖地区的教育发展做出了不可磨灭的贡献。

龚自珍

呼良才济世，唤改革风雷

己亥杂诗（其一）

〔清〕龚自珍

九州生气恃风雷①，万马齐喑究可哀②。

我劝天公重抖擞③，不拘一格降人才。

①生气：生机勃勃。②恃：依赖，依仗。万马齐喑：形容局面沉闷。这里比喻社会状况。喑：沉默，不说话。③抖擞：振作，奋发。

道光年间，中国开始遭到列强的侵略与掠夺，内部封建统治制度渐趋腐朽，百姓贫苦日增，在京为官的龚自珍于道光十九年（1839）四月辞官南归，回到杭州，同年九月又北上接还家眷。来回一千多里路程，他目睹了各种尖锐的社会矛盾以及统治集团的无所作为，感到痛心疾首，百感交集下，作出《己亥杂诗》350余首，尤以这首呼唤人才的诗作最为人熟知。在诗中，龚自珍借祭神之言，发出振聋发聩的呼声，以灼热激烈的情绪，呼唤天下英豪奋起救国，其忠君爱国、心怀天下的赤子之心跃然纸上。

龚自珍为官刚正不阿，在建言献策、针砭时弊时

龚自珍雕像

杭州龚自珍纪念馆展厅

毫无忌讳，常因此得罪上级、同僚。龚自珍自二十七岁中举，连考六次才中进士。当时参加科举考试的考生必须书写强调字形、大小、粗细统一的“馆阁体”，翰林学士多是此中高手，但龚自珍偏偏很不擅长，常被人嘲笑。龚自珍一怒之下，便命令家中女眷甚至婢女都去学习“馆阁体”。后来别人再以此挖苦他时，他面露不屑道：“翰林院的学士们有什么了不起的？我家里的妇人们，没有一个不会写馆阁体的，照这么说，她们每个人都能去当翰林了！”使讽刺他的人无地自容。

杭州龚自珍纪念馆外景

杭州龚自珍纪念馆内景

龚自珍始终将国家发展、人民福祉放于首位。在朝中，他与林则徐、魏源等人皆是好友，曾全力支持林则徐的禁烟运动，为他出谋划策，很早便建议他做好军事准备，时刻提防英军来犯。辞官还乡后，他一面笔耕不辍，一面在书院中讲学传道，为社会培养了许多人才。

附录：本书人物简介

一、勤以爱民

1. 马臻（88—141）：东汉时期人。汉顺帝时任会稽太守。

2. 谢灵运（385—433）：陈郡阳夏（今河南太康）人，移籍会稽（治今浙江绍兴）。南朝宋诗人。

3. 虞世南（558—638）：字伯施，越州余姚（今属浙江）人。唐初书法家、文学家。

4. 郑虔（691—759）：字若齐，荥阳（今属河南）人。唐文学家、书画家。长期在台州从事教育活动，有“台州文教之父”之称。

5. 陆贽（754—805）：字敬舆，苏州嘉兴（今属浙江）人。唐大臣、政论家。

6. 胡则（963—1039）：字子正，婺州永康（今属浙江）人。北宋大臣。

7. 范仲淹（989—1052）：字希文，苏州吴县（今江苏苏州市）人。北宋政治家、文学家。曾在绍兴为官。

8. 贡师泰（1298—1362）：字泰甫，号玩斋，宣城（今属安徽）人。元代文学家。曾任两浙都转盐运使等。

9. 方克勤（1326—1376）：字去矜，宁海（今属浙江）人。明代清官。

10. 海瑞（1514—1587）：字汝贤，明广东琼山（今海南海口市琼山区）人。明代清官。曾任淳安知县。

11. 汤显祖（1550—1616）：字义仍，临川（今江西抚州）人。明代戏曲家、文学家。曾任遂昌知县。

二、廉以养德

1. 刘宠（？—197）：字祖荣，东莱牟平（今山东东牟）人。东汉官吏，曾任会稽太守。

2. 孟尝（生卒年不详）：字伯周，会稽上虞（今属浙江）人。东汉时曾任合浦太守。

3. 姚察（533—606）：字伯审，吴兴武康（今浙江湖州）人。南朝历史学家。

4. 骆宾王（约638—？）：字观光，婺州义乌（今属浙江）人。唐文学家。“初唐四杰”之一。

5. 房琯（697—763）：字次律，河南（今河南洛阳）人，唐大臣。

6. 白居易（772—846）：字乐天，其先太原（今山西太原市西南）人，后迁居下邽（今陕西渭南北）。唐诗人。曾任杭州刺史。

7. 赵抃（1008—1084）：字阅道，宋衢州（今属浙江）人。北宋大臣。

8. 岳飞（1103—1142）：字鹏举，相州汤阴（今属河南）人。南宋初抗金名将。

9. 陈俊卿（1113—1186）：字应求，兴化军莆田县（今属福建）人。南宋名相、诗人。

10. 陆游（1125—1210）：字务观，越州山阴（今浙江绍兴）人。南宋诗人。

11. 于谦（1398—1457）：字廷益，杭州府钱塘县人。明政治家、文学家。

12. 商辂（1414—1486）：字弘载，明浙江淳安人。曾任明内阁首辅。

13. 赵大佑（1510—1569）：字世胤，明台州冠屿（今属浙江温岭）人。明大臣。

14. 骆问礼（1527—1608）：字子本，诸暨（今属浙江）人。明大臣。

15. 辛自修（1534？—1593）：字子吉，襄城（今属河南）人，明大臣。曾任海宁知县。

16. 朱珪（1731—1807）：字石君，祖籍绍兴府萧山（今属浙江），生于顺天府大兴（今属北京）。清大臣。

17. 汪辉祖（1730—1807）：字焕曾，绍兴府萧山（今属浙江）人。清代名幕。

18. 薛时雨（1818—1885）：字慰农，全椒（今属安徽）人，清大臣。曾任杭州知府。

三、学以济世

1. 王十朋（1112—1171）：字龟龄，南宋温州乐清（今属浙江）人。南宋学者、诗人。

2. 朱熹（1130—1200）：字元晦，祖籍徽州婺源（今属江西），生于南剑州尤溪（今属福建），侨寓建阳（今属福建）。南宋理学家、教育家。曾在浙江讲学。

3. 吕祖谦（1137—1181）：字伯恭，世称“东莱先生”，婺州（治今浙江金华）人。南宋哲学家、文学家。

4. 宋濂（1310—1381）：初名寿，字景濂，号潜溪，明浙江浦江人。元末明初政治家、文学家。

5. 刘基（1311—1375）：字伯温，浙江青田南田武阳村（今属文成）人。明朝军事家、文学家。世称刘伯温。

6. 王守仁（1472—1529）：字伯安，尝筑室故乡阳明洞中，世称阳明先生，余姚（今属浙江）人。明代哲学家、教育家。

7. 刘宗周（1578—1645）：初名宪章，字起东，山阴（今浙江绍兴）人。明末哲学家。因讲学蕺山，学者称蕺山先生。

8. 黄宗羲（1610—1695）：字太冲，号南雷，学者称梨洲先生。浙江余姚人。明清之际思想家、史学家。

9. 陆陇其（1630—1692）：初名龙其，字稼书，平湖（今属浙江）人。清初学者、廉吏。

10. 阮元（1764—1849）：字伯元，江苏仪征人。清代学者、文学家，曾任浙江巡抚。

11. 龚自珍（1792—1841）：字璱人，浙江仁和（今杭州）人。清末文学家、思想家。

后　记

2018年7月，浙江省委十四届三次全会审议通过《中共浙江省委关于推进清廉浙江建设的决定》。全会指出，建设清廉浙江，是贯彻落实习近平新时代中国特色社会主义思想和党的十九大精神的具体举措，是浙江推进全面从严治党的有力抓手。要引领全社会崇廉、倡廉、促廉，加强清廉文化建设，把清廉文化建设作为文化浙江、清廉浙江建设的重要内容，挖掘提炼优秀传统文化中的清廉元素，开展艺术作品创作，加大清廉文化产品供给力度，扶持一批体现清廉主题的文化项目。

为贯彻落实省委十四届三次全会决策部署，扎实推进清廉浙江建设，提高干部群众的清廉意识，营造崇廉、倡廉、促廉的社会氛围，浙江省纪委宣传部与浙江教育出版社共同策划出版了《诗情廉意》一书。

本书辑录了浙江历史上约四十位清廉人物的诗文作

品，以诗文为引，重点阐释这些历史人物背后的清廉故事。他们或清正廉洁、刚正不阿，或克己奉公、尽职担当，或勤俭节约、清白传家，能够为今天的清廉浙江建设提供可资之鉴。本书选材上起两汉，下至晚清，根据人物的品格、经历及所录轶事，分为“勤以爱民”“廉以养德”“学以济世”三篇，对传统文化中的清廉元素进行了提炼。

本书配有与所选人物相关的雕像、画像、纪念馆所等图片，行文注重可读性和故事性，对传播浙江清廉文化能够起到一定的积极作用。

本书在编写过程中得到浙江各级纪委宣传部门的大力支持，他们提供了行文线索和图片资料，在此郑重表示感谢。

为增强可读性，本书两易其稿。第一稿由何智勇、黄岳清两位同志执笔，第二稿的编写保留了部分第一稿的内容，并进行了完善，由林钉汀、张雨霏两位同志执笔。本书还收录了王敏君、袁惠联等同志的文章，在此一并表示感谢。

图书在版编目（CIP）数据

诗情廉意 / 哲纪编. -- 杭州 : 浙江教育出版社, 2019.11
（清廉浙江丛书）
ISBN 978-7-5536-9590-7

Ⅰ. ①诗… Ⅱ. ①哲… Ⅲ. ①古典诗歌－诗集－中国 ②古典散文－散文集－中国 Ⅳ. ①I211

中国版本图书馆CIP数据核字(2019)第225368号

责任编辑 陈之江　　**美术编辑** 曾国兴
责任校对 杨泽斐　　**封面设计** 潘　洋
责任印务 陆　江

清廉浙江丛书
诗情廉意
QINGLIAN ZHEJIANG CONGSHU
SHIQING LIANYI

哲纪　编

出版发行 浙江教育出版社
（杭州市天目山路40号　邮编：310013）
图文制作 杭州兴邦电子印务有限公司
印刷装订 浙江新华数码印务有限公司
开　　本 700 mm × 960 mm　1/16
印　　张 12.75
插　　页 2
字　　数 250 000
版　　次 2019年11月第1版
印　　次 2019年11月第1次印刷
标准书号 ISBN 978-7-5536-9590-7
定　　价 45.00元

如发现印、装质量问题，请与承印厂联系。
电话：0571-85155604